AS QUATRO ESTAÇÕES DA ALMA:
DA ANGÚSTIA À ESPERANÇA

## PAPIRUS ✦ DEBATES

A coleção Papirus Debates foi criada em 2003 com o objetivo de trazer a você, leitor, os temas que pautam as discussões de nosso tempo, tanto na esfera individual como na coletiva. Por meio de diálogos propostos, registrados e depois convertidos em texto por nossa equipe, os livros desta coleção apresentam o ponto de vista e as reflexões dos principais pensadores da atualidade no Brasil, em leitura agradável e provocadora.

MARIO SERGIO CORTELLA
ROSSANDRO KLINJEY

AS QUATRO ESTAÇÕES DA ALMA:
DA ANGÚSTIA À ESPERANÇA

PAPIRUS 7 MARES

© Copyright Mario Sergio Cortella e Rossandro Klinjey, 2023
© Copyright M.R. Cornacchia Editora Ltda., 2023
Todos os direitos reservados

| | |
|---:|:---|
| *Capa* | Fernando Cornacchia |
| *Foto de capa* | Vitor Garcia (Mario Sergio Cortella) |
| | Wellington Jan/@wjansc (Rossandro Klinjey) |
| *Coordenação e edição* | Ana Carolina Freitas |
| *Diagramação* | Guilherme Cornacchia |
| *Revisão* | Isabel Petronilha Costa |

Dados Internacionais de Catalogação na Publicação (CIP)
(Câmara Brasileira do Livro, SP, Brasil)

Cortella, Mario Sergio
  As quatro estações da alma: da angústia à esperança / Mario Sergio Cortella, Rossandro Klinjey – Campinas, SP: Papirus 7 Mares, 2023. – (Coleção Papirus Debates)

ISBN 978-65-5592-044-4

1. Angústia (Psicologia) 2. Esperança 3. Filosofia 4. Filosofia e psicologia I. Klinjey, Rossandro. II. Título. III. Série.

23-174830                                           CDD-128.4

Índices para catálogo sistemático:

1. Angústia: Filosofia                               128.4

Tábata Alves da Silva – Bibliotecária – CRB 8/9253

**1ª Edição – 2023**
**7ª Reimpressão – 2025**

Exceto no caso de citações, a grafia deste livro está atualizada segundo o Acordo Ortográfico da Língua Portuguesa adotado no Brasil a partir de 2009.

Proibida a reprodução total ou parcial da obra de acordo com a lei 9.610/98. Editora afiliada à Associação Brasileira dos Direitos Reprográficos (ABDR).

DIREITOS RESERVADOS PARA A LÍNGUA PORTUGUESA:
© M.R. Cornacchia Editora Ltda. – Papirus 7 Mares
R. Barata Ribeiro, 79, sala 316 – CEP 13023-030 – Vila Itapura
Fone: (19) 3790-1300 – Campinas – São Paulo – Brasil
E-mail: editora@papirus.com.br – www.papirus.com.br

## Sumário

Ser turista ou peregrino?...... 7

Dar nome à dor ...... 27

A angústia da monotonia...... 49

O tempo de cada estação...... 69

A vida sem filtros ...... 83

Olhar para dentro ...... 101

Conviver com as diferenças ...... 117

É preciso esperançar! ...... 129

Glossário ...... 147

**N.B.** Na edição do texto foram incluídas notas explicativas no rodapé das páginas. Além disso, as palavras em **negrito** integram um **glossário** ao final do livro, com dados complementares sobre as pessoas citadas.

## Ser turista ou peregrino?

**Rossandro Klinjey** – Passar pela angústia, na experiência humana, tem um grau de inevitabilidade. Como **Jung** afirma: "Não há retorno à consciência sem a dor". Assim sendo, não é possível passar pela vida sem a experiência incontornável da angústia. Muitos de nós tentam fugir disso, buscando se anestesiar no próximo episódio de uma série, na próxima balada, ou até mesmo no próximo copo de bebida... Trata-se de um ato de evasão persistente, uma negociação interna, consciente ou não, cujo único objetivo é evitar a dor a qualquer custo. Moldamos acordos sociais para nos ajudar a adormecer diante de vivências mais dolorosas.

Pensemos, por exemplo, sobre como se conduzem os velórios atualmente: são eventos "higienizados", bastante distintos das dolorosas cerimônias do passado, às vezes até teatrais, na sala de estar das casas dos entes queridos que partiam. Era comum presenciar gritos e desmaios, com estranhos e curiosos participando. Depois que a família retornava do enterro, os resquícios da cerimônia funerária permaneciam: o crucifixo, os candelabros, as velas que, misturando-se ao aroma das flores, emanavam pungente odor de morte. Essa angústia se materializava nas sobras do ritual fúnebre, à espera da família que retornava para um lar agora vazio. Tudo isso era como se fosse uma lembrança de que aquela ausência estava marcada. Agora, nós vamos para um espaço, que não é mais o ambiente de casa, em que temos uma angústia controlada, com uma salinha para a família chorar na intimidade, sem escândalos, mas misturando-se com os enlutados da sala de velório ao lado.

Em nossa jornada humana, nos encontramos frequentemente diante das encruzilhadas da vida e da morte, cada uma marcada por significados, rituais e processos de luto que refletem as complexidades de nossa existência. Essas encruzilhadas são mais do que eventos isolados; são etapas vitais em nossa evolução, cada uma exigindo compreensão, aceitação e um abraço corajoso à dor.

A morte, em suas várias formas e contextos, não é apenas uma ocorrência física, mas um fenômeno psicológico e cultural, profundamente entrelaçado com nossa compreensão de nós mesmos e do mundo ao nosso redor. Em cada cultura, rituais fúnebres, sejam eles enterros, cremações ou cerimônias de despedida, servem como reflexos de nossas crenças e valores, e como ferramentas para navegar pelas águas muitas vezes tumultuadas do luto.

Ao higienizar exageradamente a morte, ao fugir das inexoráveis experiencias de dor, perdemos esse rico aprendizado.

O luto é uma resposta não apenas à perda, mas também a uma mudança nas estruturas da vida que nos definem. É uma jornada através da qual, se não nos apressarmos nem negarmos a dor, podemos chegar a uma compreensão mais profunda de nós mesmos.

Não pular etapas da vida, não fugir da dor, mas enfrentá-la e aceitá-la é o que nos permite crescer e evoluir. Cada etapa, cada dor enfrentada é uma oportunidade para amadurecer e se transformar.

**Não pular etapas da vida, não fugir da dor, mas enfrentá-la e aceitá-la é o que nos permite crescer e evoluir. Cada etapa, cada dor enfrentada é uma oportunidade para amadurecer e se transformar.**

Nossas vidas são marcadas por rituais, com cada um de nós refletindo e respondendo às mudanças inevitáveis que ocorrem em nosso ciclo vital. Esses rituais não são apenas tradições vazias, mas atos significativos que nos ajudam a lidar com a complexa tessitura da vida e da morte. Eles revelam como nossa sociedade se estrutura e se reestrutura, como ela celebra, sofre e aprende.

A dor não é uma falha nem uma fraqueza; é parte integrante do que significa ser humano. Em seu abraço, encontramos a possibilidade de compreensão, crescimento e, finalmente, a sabedoria. Em nossa travessia da dor, não somos meramente quebrados, mas refeitos, prontos para enfrentar as próximas etapas de nossa complexa e bela jornada humana.

E, falando de morte, me lembrei de meu primeiro contato mais visceral com ela. Quando presenciei o enterro de um jovem da rua onde morava, que morreu de um acidente. Ele estava lá, com o algodão no nariz, aquela coisa terrível, rosto desfigurado. Essa imagem me atormentou por vários dias. Naquela época, não se usavam as técnicas da tanatopraxia, que maquia o rosto e faz outras ações para preparar o corpo para o velório. Fiquei uns quinze dias sem dormir direito, só lembrando da imagem dantesca que vi. Só voltei a dormir quando tive o seguinte pensamento: se ele tiver de voltar, vai procurar um conhecido, um parente, não a mim, que sou alguém que estava lá do nada, que era só um vizinho. Ele vai procurar um parente!

**Mario Sergio Cortella** — Nem sempre é assim. Em algumas religiões, normalmente as forças do além procuram quem elas não conhecem, então você tem tempo ainda... (*Risos*)

**Rossandro** — Ainda bem que eu não sabia disso (*Risos*). Naquela época, a crença de que o defunto iria procurar a mãe, ou o pai, e não a mim, me ajudou bastante. Mas essa lembrança diz muito da ideia de que, hoje, tentamos "encastelar" a angústia, ou até negá-la completamente. Esse tipo de comportamento pode se tornar um obstáculo ao nosso amadurecimento e crescimento pessoal.

Atualmente, buscamos, desesperadamente, escapar de situações que causam desconforto emocional ou mental. Procuramos construir fortalezas em torno de nossa angústia, em uma tentativa de nos protegermos de emoções que consideramos indesejáveis ou ameaçadoras. No entanto, negar a existência da angústia e tentar evitar a dor não nos permite enfrentar essas experiências, aprender e crescer com elas.

Para amadurecer verdadeiramente, precisamos encarar nossos medos e nossas inseguranças. Precisamos acolher a angústia como parte integrante da vida, e não como algo a ser evitado a todo custo. Ao abraçar a dor e a incerteza, somos capazes de compreender melhor a nós mesmos e o mundo ao nosso redor, o que por sua vez nos permite crescer e nos desenvolver de maneira mais plena e significativa. É uma jornada que pode ser desafiadora, mas também profundamente gratificante.

**Cortella** – No primeiro livro desta coleção de que participei, chamado *Nos labirintos da moral*,[*] que foi uma

---

[*] Campinas: Papirus 7 Mares, 11ª ed., 2017. (N.E.)

conversa com **Yves de La Taille**, nós fizemos em um determinado momento uma visita a uma reflexão que o próprio Yves, inspirado nas ideias de **Zygmunt Bauman**, mais adiante, produziu no livro *Formação ética: Do tédio ou respeito de si*:[*] a diferença entre passar a vida como um peregrino e como um turista. Isto é, essa perspectiva de você, estando na existência, levar em conta que o sofrimento é inerente a ela e que, portanto, é melhor dele tirar lições do que viver de modo inconsciente, de modo menos autônomo. E uma das coisas curiosas é que há certo reavivamento de dois movimentos, que identifico nestes novos tempos de tsunâmis informacionais, de avalanche tecnológica, de sufocamento, quase, de nossa capacidade de reflexão e meditação mais intensa. É como se tivéssemos as quatro estações todas no mesmo dia, como acontece em algumas cidades do mundo e também do Brasil, e, portanto, não há tempo de burilar as emoções, de absorver tudo aquilo que poderia ser um ensinamento.

Eu vejo que esse estado de tensão, que é muito contínuo, desafoga, de um lado, em uma perspectiva que é a ressurreição do estoicismo. Eu nunca vi tanta gente lendo **Sêneca**, **Marco Aurélio** como agora. São livros que estão o tempo todo dentro do circuito de vendas, e toda vez que há alguma fala no caminho estoico, isso produz uma certa calma nas pessoas. Isto é, "a vida é assim e, portanto, sofra com o que tem que

---

[*] Porto Alegre: Artmed, 2009. (N.E.)

ser sofrido. Não sofra porque o sofrimento existe; sofra o sofrimento, e não o fato de ele ter presença". Nesse sentido, vejo que temos, sim, uma valorização da angústia – "é bom", até se diria, ou, para usar uma expressão antiga, "valeu a experiência". Portanto, este mundo, que pode ser danoso, que fere, que produz em nós perturbação, seria um grande mestre. Então, "não soframos porque o sofrimento existe, soframos apenas por aquilo que está nos fazendo sofrer naquela circunstância". "Cada coisa tem sua hora" – reproduzindo aí uma canção clássica* da banda The Byrds, composta por Pete Seeger e que veio do *Eclesiastes*.

Além desse modo ressurrecional do estoicismo, uma das coisas boas é que a segunda vertente – pensando no outono, estação de troca de folhas, de certa confusão no dia, é frio e não é, dias quentes, noites frias, chuva – supõe que haverá um momento de calmaria para a angústia que a vida coloca. Portanto, há aí a recuperação da perspectiva peregrina, e não turística. E eu gostaria de estar na condição de turista! (*Risos*) A tarefa dele é encontrar sempre o quê? O que é mais afável, de melhor qualidade. O turista se afasta de qualquer tipo de coisa que traga descompasso. Isto é, vive algo que não é o cotidiano. Quando chego a um hotel e me dizem "sinta-se em casa", respondo: "Então, vou embora!". Em um hotel, não quero me sentir em casa. Quero me sentir em um lugar

---

\* "*Turn! Turn! Turn! (To everything there is a season)*". (N.E.)

onde eu me sinta em um hotel. Ou seja, quero me sentir como turista, cuidado, com um serviço de *concierge* para fazer com que me perceba bem em vez de eu mesmo ter que me preocupar com isso.

Já o peregrino teria mais capacidade de salvação, liberdade e felicidade quanto maior seu sofrimento. Nessa perspectiva, aquele que faz o caminho de Santiago de Compostela* mundo afora terá maior possibilidade de redenção e, portanto, de conseguir seu momento da glória, se ficar com bolhas no pé, se tomar chuva, se passar fome... Fazer uma caminhada de Santiago de Compostela em que tudo dá certo não oferece salvação. Por isso, existe essa valorização, de um lado, da ideia de angústia como sendo formadora de caráter e preparadora do tempo que virá. Tomando uma expressão antiga, que os judeus usam muito, "todo paraíso é antecedido por um deserto". Tem um outro lado disso também que é tentar nos acalmar. Curiosamente, nos anos 1970, quando eu estava crescendo, não era o estoicismo que vinha à tona como referência, e sim o budismo. Isso porque as religiões sapienciais orientais, asiáticas, traziam certa ataraxia, que não era indiferença no sentido de desprezo ao mundo, mas de não se conectar às coisas. Portanto, mergulhar no outono e dizer: "Assim é, sigamos".

---

\* Famoso destino de peregrinação cristã, onde alguns creem estar o túmulo do apóstolo Santiago Maior. (N.E.)

**Rossandro** – Fico pensando nessas questões que você coloca, de que as pessoas se negam hoje a atravessar os desertos. Até escrevi um livro, que reeditei durante a pandemia, que se chama *O tempo do autoencontro: Como fortalecer-se em tempos difíceis e vencer os desertos da vida.*[*]

Atualmente, percebo uma tendência, por vezes vazia de significado, de *glamourizar* a necessidade de passar por "desertos" para aprender e crescer. Contudo, sabemos que nem sempre é preciso vivenciar tais situações adversas para adquirir conhecimento e maturidade. Muitas vezes, podemos aprender ao observar os desafios enfrentados por outras pessoas.

Esse é um conceito que muitos pais tentam transmitir aos filhos quando os aconselham: "Veja, já passei por isso. Vai dar errado, não siga esse caminho". No entanto, em certos momentos, a experiência vivida torna-se um elemento irrefutável no processo de aprendizado. O "deserto", por vezes, se torna uma etapa inescapável em nossa jornada.

Há um livro, da jornalista Cris Guerra, chamado *Fundo do poço, o lugar mais visitado do mundo.*[**] Isso me motivou a criar um pequeno poema sobre o assunto, que gostaria de compartilhar:

---

[*]   São Paulo: Planeta (Academia), 2020. (N.E.)
[**] São Paulo: Melhoramentos, 2021. (N.E.)

*Olá, fundo do poço, eis-me aqui de novo.*
*Não mais o evitarei, antes, cidadania solicitarei.*
*Neste território inescapável, estrangeiro não me sinto,*
*Pois nele jazem as raízes ocultas de minhas vitórias.*

*Não pertenço só a este lugar, então, ficar não é minha sina,*
*Estou de passagem, mero transeunte na vida.*
*Não um adeus, mas um até logo, é o que digo.*
*Em breve, regressarei para me reerguer.*

*Neste recanto, choro, para lá fora sorrir,*
*Aqui sofro, a fim de me conhecer.*
*Afundo-me para ser a mão que me salva*
*Do mundo e, muitas vezes, de mim.*

*Logo retornarei, ciente da importância*
*Deste espaço na geografia incontornável de minha alma.*

Às vezes, como você falou, Cortella, vamos do céu ao inferno no mesmo dia, dependendo de como as emoções estão equilibradas.

Acredito que a procura pelo estoicismo na atualidade seja uma tentativa de suavizar essa oscilação intensa entre altos e baixos, na busca de mais estabilidade – o que nem sempre é alcançável. Embora a busca pelo equilíbrio seja válida, é crucial também respeitarmos a fase da vida em que nos encontramos. Na minha experiência, uma das maiores fontes de infelicidade no ser humano é não aceitar e não respeitar o momento de vida no qual se encontra.

Por exemplo, era comum eu encontrar pacientes, que passaram por uma separação devido a uma traição amorosa ou ao término de um relacionamento, que frequentemente ouviam de amigos que a cura para a sua dor seria encontrar um novo amor. A minha orientação era a seguinte: "Você precisa vivenciar esse luto, pois encontra-se vulnerável e carente. Se sair à procura de um novo amor nesse estado pode acabar conhecendo alguém que vai ferir você ainda mais". Tudo porque não respeitou o outono da vida, a fase de deixar as folhas caírem, de desapegar-se de uma relação que já não faz mais sentido.

É essencial permitir que as folhas caiam, abandonar as lembranças dessa relação que já não tem mais sentido de ser, essa planta que a pessoa insiste em enxertar para ver se o outro cresce junto, mas ele já se recusou a isso, foi tentar florescer em outro lugar. A mágoa é tão grande que a pessoa não consegue agradecer pelo que foi possível ter vivido ali naquela relação, com as limitações que cada um de nós tem.

Muitas pessoas negam a dor, partem para o mercado afetivo, usando meios como os aplicativos de relacionamento como Tinder,[*] e se tornam extremamente vulneráveis. Acabam encontrando uma versão ainda pior do indivíduo responsável

---

[*] Aplicativo de relacionamento. (N.E.)

pelo abandono ou pela traição, justamente porque não tiveram a coragem de experimentar essa metáfora que você apresenta, Cortella, do turista e do peregrino.

Vale a pena enfatizar que, nas diferentes fases de nossa alma, precisamos ter a coragem de confrontar todas as facetas da vida, percorrendo não apenas as avenidas iluminadas, mas também os becos obscuros.

Vejamos um exemplo: é comum ouvir pessoas dizerem: "Ah, essa cidade é tão incrível". Mas elas dizem isso porque não moram nela. Se vivessem lá, perceberiam que ela é incrível, mas também tem seus aspectos sombrios. Se eu andar apenas pelas melhores partes de São Paulo, vou cantar "É tão bonito andar na cidade de São Paulo"... Mas se eu caminhar com um pouco mais de intensidade peregrina, vou cantar "Sampa", de **Caetano Veloso**, e perceber "a força da grana que ergue e destrói coisas belas". Ao caminhar pela Avenida Paulista ou pela Berrini, podemos observar coisas incríveis, mas ao mesmo tempo existem sofrimentos e sacrifícios. A alma humana também possui essas vielas, esses lugares que às vezes negamos por não estarem de acordo com a imagem que queremos apresentar ao mundo.

Como afirmava **Margaret Mead**, antropóloga americana: "O que as pessoas dizem, o que as pessoas fazem e o que elas dizem que fazem são coisas inteiramente diferentes". E eu acrescentaria: "Aquilo que você posta nas redes sociais é a quarta coisa diferente". Porque há muita falsidade no que postamos! Além disso, vivemos em uma sociedade que tenta maquiar as imperfeições, tanto no aspecto literal, quanto quando colocamos um filtro em nossas fotos, como também quando tentamos "filtrar" nossa personalidade, buscando mostrar um padrão que não condiz com nossa realidade.

Essa falsidade ou incoerência psíquica se traduz em uma espécie de cegueira. Nesse cenário de fragilidade extremada de nossos dias, a cegueira é uma metáfora para nossa ignorância contemporânea, revelando simultaneamente o melhor e o pior da natureza humana. Como na obra* de **Saramago**, a cegueira se torna mau presságio, revelando a ausência de visão não apenas física, mas espiritual e ética.

Essa tentação insidiosa do mal, que podemos relacionar à sombra emocional de Jung, se esgueira em nossa alma, alimentada por um senso de oportunidade distorcido. Essa sombra, sempre presente, mas intensificada pela cegueira, reflete nossa negação aos aspectos mais obscuros de nós mesmos. Assim como na cegueira epidêmica do romance de Saramago, estamos cegos para o que realmente dá sentido à nossa existência: os valores fundamentais de solidariedade, compaixão.

A cegueira que nos aflige é de caráter ético, corroendo nossa humanidade dia após dia, desumanizando-nos e nos distanciando dos princípios que devem nortear a civilização.

---

\* *Ensaio sobre a cegueira*, 1995. (N.E.)

Ela atua como a sombra junguiana, obscurecendo nossa mente e nos impedindo de ver claramente as imperfeições e as falhas dentro de nós mesmos.

No entanto, e talvez paradoxalmente, a exacerbação do mal nos traga a necessidade do bem. Em muitos casos, é através do advento da cegueira física, concreta e palpável, que poderemos começar a "ver" essa outra cegueira, ainda mais profunda e devastadora, como pacientes que só depois de uma doença mudam a alimentação e o estilo de vida.

É um despertar angustiante e doloroso, mas necessário, para reconhecer e confrontar a sombra que nos habita. Somente através desse processo, similar ao caminho de autoconhecimento em Jung, poderemos nos libertar da cegueira e talvez encontrar a luz e a clareza para uma existência mais autêntica e compassiva.

Você, Cortella, sempre diz que praticar o que se ensina é uma das melhores formas de viver, de sair da condição de turista para a de peregrino. E acredito que isso faz parte do processo de amadurecimento, de não negar o conhecimento das vielas da alma e permitir os outonos da vida.

**Cortella** – Essa é uma coisa especial! Mas algo perigoso – e acho que você levanta isso bem, Rossandro – é que o caminho estoico, ou o mau entendimento do budismo, produz alguma percepção de que a conformidade é a trilha. No meu entender, eu não tenho que me conformar com o outono; tenho que assimilá-lo. Porque se conformar é ser por ele dominado. Quando nos conformamos com algo, assimilamos aquela forma. Ficamos conformados. E, conformados, perdemos nossa identidade e nossa capacidade ativa. Ficamos plasmados em algo que nos domina. Agora, assimilar o outono, seja o nosso, seja tudo aquilo que vier no nosso dia a dia, significa com ele lidar.

Ter de lidar em vez de se submeter. A conformidade é uma submissão. Por exemplo, você falava antes de velório. Eu digo sempre que com a morte a gente não se conforma; a gente se conforta. Haja vista que uma das coisas que a humanidade mais faz e continua fazendo, há milhares de anos, é não se conformar com a finitude. Fazer a arte, a ciência, a filosofia, a religião, dizer que existe saída, tudo isso produz em nós não inconformidade *stricto sensu*, mas uma capacidade de ação que não é mera revolta, dizer: "Ah, não tem jeito, não tem saída". E volto ao ponto: acho que assimilar o outono é conhecê-lo, vivenciá-lo, experimentá-lo. Lembrando que, dentro da palavra "experimentar", está a palavra "perigo". Portanto, o *peri* dali marca que a experiência nem sempre terá um lado saboroso,

**Quando nos conformamos com algo, assimilamos aquela forma. Ficamos conformados. E, conformados, perdemos nossa identidade e nossa capacidade ativa.**

um lado apreciável. Pelo contrário, teremos que nos defrontar com várias outras coisas.

Nesse sentido, uma das coisas mais fortes para mim é que essa ideia de um caminho turbulento, se assimilado, se meditado, se pensado, se tornará possibilidade de seguir em vez de estacionar. Aliás, não falamos disso no ponto de partida, mas se pensarmos no sentido latino clássico da ideia de alma, vindo do grego, é o sopro, o ar. É aquilo que faz com que sigamos. E dentro da palavra "alma", na origem grega clássica de *pneuma*, para usarmos nosso modo de escrita, aparece a ideia de esperança também. Isto é, tanto a palavra "alma" quanto a palavra "esperança" contêm dentro de si o conceito de sopro de vida. É só nos lembrarmos de que, nas várias tradições religiosas, o sopro é aquilo que faz com que algo siga.

Acho que esse modo nosso de presença com que olhamos a realidade gosta, vez ou outra, de simulá-la, de fazer algo que **Platão** chamaria de simulacro da realidade. E o mundo digital permite operacionalmente que façamos isso, embora emocionalmente haja um ônus muito forte. Tudo isso nos coloca em um outono hoje muito diferente de outonos que vivemos anteriormente.

**Rossandro** – Cortella, penso que é esse mesmo sopro da vida que gentilmente derruba as folhas das árvores, que permite seu renascer em um ciclo eterno e de vir a ser. Não é uma questão de negar ou conformar-se, mas sim de abraçar o *carpe diem*, o ato de colher aquilo que cada dia, em sua beleza e mistério, oferece.

Recordo as palavras profundas e inspiradoras de **Viktor Frankl**, encarcerado em um campo de concentração, onde cada dia era uma colheita forçada de sofrimento e resistência, mas ele nunca se permitiu conformar-se àquele lugar. Por isso, ele nos ensinou que tudo pode ser tirado do homem, menos sua liberdade intrínseca – a atitude que podemos escolher diante de qualquer circunstância. Essa liberdade interna é mais consciente e, portanto, mais robusta para aqueles que enxergam como peregrinos a jornada da vida. Em contraste, pode ser menos consciente, e por isso mais frágil, para aqueles que se veem como turistas em um mundo onde nos tentam impor, diuturnamente, a condição de vassalos.

Nossa humanidade nos permite escolher como enfrentar a tragédia que, por vezes, a vida apresenta, mesmo quando essa escolha é envolta em dor.

Observamos isso, às vezes, de modo exagerado, em certos sistemas de crença – com exclamações de admiração como "Ai, que coisa linda, teve câncer e não deu um grito", como se o silêncio sempre fosse uma virtude. Mas, talvez, o grito pudesse ser a cura, precisamente porque o que não é gritado, traduzido em palavras, a dor não nomeada pode se transformar em doença. Assim, as pessoas acabam adotando outras normas socialmente valorizadas, conformando-se e, muitas vezes, a dor que não é expressa torna-se uma doença cuja origem no silêncio ignoramos. Grande parte da angústia que vivemos deriva de nossa relutância em nomear e enfrentar essa dor.

Como o salmista e rei Davi, que teria escrito pelo menos 74 dentre os 150 salmos que conhecemos, devemos nos encantar com a capacidade de Deus de sondar nosso coração, mesmo quando as palavras nos faltam. Diminuir a angústia humana, muitas vezes, passa por nomear e reconhecer a dor que sentimos. Para isso, precisamos ser peregrinos, dotados de coragem para caminhar pelas vielas escondidas, onde a dor se oculta, e ter a bravura de nos afastar da trilha principal, essa cidade falsa que nos é apresentada.

Ao explorar essas vielas e encontrar a dor inevitável, aprendemos não a buscar o sofrimento, como se fôssemos masoquistas, mas a compreender que ele carrega uma lição vital. Colhendo essa sabedoria, cada outono se torna uma nova oportunidade para frutos diferentes e descobertas renovadas. Evitamos a repetição das lições não aprendidas e começamos a enxergar outros aspectos de nós mesmos.

Essa jornada nos permite construir uma personalidade mais saudável, resiliente e autoconsciente. Ela nos dá a força para enfrentar críticas sem abalo, responder reflexivamente e fazer escolhas conscientes. Lembro de alguém comentando que você encontrou uma pessoa no aeroporto e ela se espantou: "Mas, Cortella, você não dirige?". E você disse: "E quantos livros você escreveu?". Devemos reconhecer nossas escolhas e questionar reflexivamente o outro: "Qual é a sua escolha? A do piloto automático, a do turista? Ou é a do peregrino?".

A vida é uma tapeçaria rica e complexa de escolhas e caminhos. E como peregrinos nessa jornada, devemos caminhar com coragem, compaixão e consciência, colhendo as lições e a beleza ao longo do caminho, e reconhecendo a magnificência do ciclo eterno da existência.

## Dar nome à dor

**Rossandro** – O corpo humano é mais do que uma simples máquina biológica; é um ressoar profundo e complexo de nossas emoções, pensamentos e experiências. Essa conexão intrínseca entre mental, espiritual, emocional e físico não é meramente didática, mas sim uma realidade viva e pulsante em nossa existência. Somos seres integrados, e cada aspecto de nosso ser está em constante diálogo.

Traumas e dores não expressos são como feridas na alma, e o impacto dessas feridas na mente pode ser profundo e duradouro. A dor que não encontra nome, que não é traduzida em palavra ou compreensão, pode ser enterrada no inconsciente como uma estratégia de sobrevivência. No entanto, tal como **Freud** descreveu, essa repressão é apenas temporária. A dor volta, sentida novamente, ressentida, às vezes transformada em sintoma que atormenta o corpo.

É nesse ponto que a necessidade de nomear nossas dores se torna fundamental. Dar nome ao que dói é reconhecer, admitir e enfrentar a realidade do que nos aflige. É o primeiro passo no processo de cura e ressignificação, um convite para mudar a relação com nosso próprio sofrimento.

Contudo, essa jornada não é simples, lembrando-nos, em muitos aspectos, a tarefa sem fim de Sísifo,[*] como uma metáfora vívida para o ressentimento que pode se tornar nosso carcereiro, mantendo-nos acorrentados a um passado doloroso e repetindo-o em um ciclo interminável.

Essa dor da alma, não traduzida e não enfrentada, é a nossa pedra, e nós nos tornamos Sísifos modernos, empurrando e lutando, apenas para encontrar a mesma dor esperando por nós, uma e outra vez. Essa luta incessante começa a ecoar no corpo, manifestando-se como doenças e desordens físicas, um reflexo de nossa batalha interna não resolvida. Essa é a natureza do fenômeno psicossomático, onde o corpo fala o que a alma não consegue expressar em palavras, e nossa luta com a pedra se torna tanto metafórica quanto literal.

A lição aqui, assim como a interpretação que o famoso escritor francês **Albert Camus** oferece do mito de Sísifo, é

---

[*] Personagem da mitologia grega condenado pelos deuses a empurrar uma pedra, por toda a eternidade, até o alto de uma montanha. (N.E.)

encontrar significado e autenticidade mesmo dentro desse ciclo aparentemente absurdo. É uma chamada para enfrentarmos e nomearmos nossas dores, para pararmos de empurrar a pedra inutilmente e começarmos a compreender por que ela está lá, em primeiro lugar. Através dessa compreensão, podemos começar a nos libertar de nossa própria montanha, encontrando cura e redenção na aceitação e na transformação da dor.

Nesse contexto complexo, o corpo se torna um campo de batalha, um espaço onde a alma insiste em habitar, mesmo que seja um lugar de medo e sofrimento contínuo. Essa manifestação psicossomática é um grito do corpo, um sinal de que é hora de enfrentar e processar essas dores, uma chamada à fuga de um lugar de morte para outro de renascimento e vida.

A cura requer uma aceitação corajosa de nossa totalidade, uma disposição para enfrentarmos e nomearmos nossas dores, o que não é apenas um trabalho de autodescobrimento, mas um ato de amor-próprio e compaixão. Escutar o corpo, traduzir a dor da alma e empreender essa jornada rumo à cura é talvez uma das mais profundas e transformadoras experiências humanas. É um caminho de autenticidade e liberdade, onde cada palavra dada à dor é um passo em direção à vida plena e significativa.

**Cortella** – É bom isso que você traz, Rossandro, porque citando o meu poeta libanês predileto, que é o **Khalil Gibran**, lembro quando ele diz: "As grandes dores são mudas". Portanto, esse emudecimento daquilo que nos angustia, que vez ou outra não conseguimos identificar, nomear, como você falou. Não é à toa que uma das maneiras maduras de lidarmos com algo é exatamente identificarmos o que está nos perturbando, ferindo, machucando.

Você sabe que a palavra "infantil" significa "aquela pessoa que não pode falar". Não pode dizer. É quando se é calado. Existe uma infantilização que é feita por conta da própria idade. Não é que a criança não pode falar; ela não tem muita nitidez em relação àquilo que fala, que chamamos de consciência e está sendo ainda elaborada. Mas existe uma outra infantilização que é provocada sobre a pessoa. Existem muitas pessoas nas relações que infantilizam outras fazendo com que sejam caladas, emudecidas.

Dentro disso – e você lembrava faz pouco de Davi, um dos grandes fundadores da história judaica –, voltemos ao que está lá no livro do Gênesis, logo no ponto de partida da *Bíblia* hebraica, que influencia tanto o mundo cristão quanto o mundo islâmico, em um dos dois relatos da criação – são dois em sequência –, a divindade faz o ser humano, o chama e diz: "Agora vá e dê nome às coisas". Dê nome às coisas. Porque nomear é dominar. Denominar é dominar. Isto é, quando identificamos algo, iniciamos o processo de trazer aquilo para nosso domínio. Nesse sentido, vejo que a única maneira de enfrentar fantasmas é acendendo a luz. Ou acendemos a luz ou vamos sofrer muito. Se você acender a luz e o fantasma ali estiver, enfrente-o; se ele não estiver, esqueça-o. Portanto, a única possibilidade é denominar, nomear, fazer com que venha para nosso circuito – isso que você, com razão, ao mencionar Freud, falava do ressentimento, daquilo que ressurge em modo negativo.

O ressentimento, em larga escala, marca uma impossibilidade de vivenciar algumas coisas como parte do existir, mas não necessariamente sob o viés da submissão. Isto é, como eu falava antes, não é algo que assim é. Eu aprecio lembrar que o pior modo de aprender é pela dor. Mas pior que aprender pela dor é com a dor nada aprender, tendo por ela passado, porque aí é um desperdício. Mesmo não tendo sido por nós provocada, mesmo não tendo buscado que fosse a dor a nossa mestra, mas sendo a dor a nossa mestra circunstancial, ou ocasional, que veio sem que estivéssemos à sua procura, pior do que pela dor aprender é nada com ela aprender, à medida que tudo isso é uma vivência que permite darmos um passo adiante. E, portanto, esse outono perturbador, tal como também o é a primavera – as estações de transição, uma como simbologia da decadência, que é o outono, por conta das folhas que o vento sopra longe,

**Eu aprecio lembrar que o pior modo de aprender é pela dor. Mas pior que aprender pela dor é com a dor nada aprender, tendo por ela passado, porque aí é um desperdício.**

e a outra como a exuberância dessas mesmas folhas –, tem tanto aquilo que é o momento infeliz quanto o momento feliz. Ambos têm que ser apropriados, isto é, trazidos para nós. Do contrário, perdemos os dois.

**Rossandro** – Como terapeuta, sou frequentemente invocado à reflexão sobre a tremenda dificuldade que as pessoas enfrentam ao tentar iluminar a obscuridade interior que as paralisa, assombradas pelo que possam descobrir na câmara secreta da existência. Essa experiência me remete ao poema de **Carlos Drummond de Andrade** "No meio do caminho", em que ele fala de uma pedra obstinada no trajeto, e vejo o quão intrínseca é essa metáfora à nossa condição humana. Essa pedra, frequentemente, somos nós mesmos.

A credencial mais genuína que carrego ao atender meus pacientes não reside em minha licença profissional, mas na minha própria humanidade, imbuída das experiências de me perceber como o próprio algoz no recôndito escuro da vida.

Ao acender o fósforo e iluminar nossa condição, somos inicialmente confrontados com um caos que nos sobressalta. É um momento crucial, onde surgem duas escolhas: permanecer imóveis, consumindo os dedos com o fósforo aceso, tal como a figura aterrorizada no famoso quadro *O grito*, de **Edvard Munch**; ou extinguir a chama por medo, regressando ao conforto da ignorância.

No entanto, permanecer na escuridão é suportar uma lapidação incessante sem conhecer a origem das pedras. É um processo de revelação de que somos, em muitas instâncias, simultaneamente carrasco e vítima. Esse entendimento é tanto revelador quanto doloroso. É aqui que ressoa a compreensão de que podemos ser não apenas a pedra no caminho, mas que também é prejudicial nos percebermos meramente culpados e nos determos nessa culpa.

A sociedade contemporânea frequentemente aplica rótulos temporários, especialmente nas mídias sociais. Agora, termos como TDAH ou "pai/mãe narcisista" tornam-se banais. A autoconsciência é um exercício raro. Porém, quando acendemos essa luz interior e enfrentamos a desordem e a aflição, podemos procurar uma fonte de iluminação mais intensa e duradoura, tal como uma vela ou um candeeiro.

> **A autoconsciência é um exercício raro. Porém, quando acendemos essa luz interior e enfrentamos a desordem e a aflição, podemos procurar uma fonte de iluminação mais intensa e duradoura, tal como uma vela ou um candeeiro.**

Identificar a fonte da pedra que nos atinge não a impede de continuar a nos agredir, mas pelo menos nos dá consciência de sua origem. Com essa percepção, podemos, de vez em quando, nos desviar das pedras que arremessamos ou que são lançadas contra nós. A metáfora das vielas escuras sugere uma coragem necessária para adentrar esses recônditos e nomear a dor, seja ela um ressentimento persistente ou a cicatriz de uma escolha errônea.

Um episódio recente me faz ecoar as palavras de um sábio conselho dado durante uma viagem: "O que entendi é que você não se perdoa por ser a maior responsável pelas escolhas que fez. Mas só se perdoando é que você vai poder fazer escolhas diferentes. A pessoa que feriu é a mesma que vai salvar você".

O que quero sublinhar é que não basta apenas identificar a dor e estacionar na elaboração dessa dor. Nomear é um passo vital, um diagnóstico, mas não devemos nos contentar em ser o médico que apenas constata: "Você tem um tumor". Devemos também ser o paciente disposto a perdoar a si mesmo e a aprender com a pedra no caminho, para que possamos construir uma jornada mais consciente e enriquecida, em vez de, como Sísifo, estarmos perpetuamente condenados a um ciclo de frustração e desespero.

**Cortella** – É um movimento – vou usar um termo que não existe para tomar sua ideia das pedras – de "autodilapidação", que a pessoa produz para se proteger e se justificar dentro de sua comunidade de vida. Isto é, a pessoa produz nos outros uma certa percepção de que é digna de pena porque ela não consegue, porque está além de sua capacidade – as circunstâncias a vitimaram. Embora seja quase uma impossibilidade, é uma "autodilapidação", jogar pedras em si mesmo de maneira que isso justifique sua inação. Evidentemente que, quando eu falava de acender a luz para enfrentar o fantasma, isso vale para outras metáforas, como quando abrimos um armário que não organizamos e, portanto, não temos muita ideia do que está ali dentro. Nisso, há duas possibilidades: ou começamos a organizar aquilo, o que vai dar um trabalho grande, ou fechamos o armário de novo e nos esquecemos dele. Mas uma hora vamos ter que mexer ali. Como escreveu um dia **Fernando Pessoa**: "Na véspera de não partir nunca, ao menos não há que arrumar malas". E aí não há o trabalho da jornada, sejamos peregrinos, sejamos turistas. Nessa hora, é preciso escrúpulo, para usar um termo dos gregos, mas que vem do mundo hebraico.

A palavra "escrúpulo" tem a palavra "pedra" dentro dela, "pedrinha". Os hebreus chamavam de escândalo. Isto é, não devemos ser nem objeto nem veículo de escândalo. E escândalo, nesse entendimento, de maneira alguma é apenas algo que vai horrorizar outras pessoas, mas sim aquilo que me horrorizo comigo mesmo. Isto é, eu me vejo naquilo e, nesse sentido, o escrúpulo é eu saber lidar com aquela pedra que tem que estar comigo. A ideia mais clássica de escrúpulo é aquela pedrinha que fica no calçado, e toda hora temos que nos lembrar dela porque vai servir de alerta em relação às coisas. E o fantasma, se a luz não for acesa, lá permanecerá. Drummond, de modo genial, brinca com **Olavo Bilac** e escreve: "Tinha uma pedra no meio do caminho". (Bilac foi homenagear **Dante** e escreveu um poema chamado "*Nel mezzo del cammin*", que é um trecho d'*A divina comédia*: "*Nel mezzo del cammin di nostra vita*".) Bom, alguns dizem que essa pedra pode ser utilizada para que, com ela, façamos algo que vai nos auxiliar. Que a gente a identifique ou a tire do caminho, senão essa pedra servirá para nos torturar. Por isso que chamo de "autodilapidação", quando a pessoa arremessa pedras em si mesma de maneira que se proteja: "Está vendo? Já estou ferido. Por favor, não me fira mais".

**Rossandro** – É um fenômeno intrigante, Cortella, essa propensão humana a apegar-se a certas feridas e vulnerabilidades, a ponto de as pessoas as utilizarem como escudos para a inércia. Com efeito, esse mecanismo psicológico é reminiscente do cego Bartimeu – figura bíblica que, ao perceber a aproximação de Jesus, abandona sua capa de pedinte, símbolo de sua identidade como vítima –, e contrasta com o pedinte que se agarra à sua ferida como a um talismã, recusando ajuda para manter seu ganha-pão.

Tal vitimização consciente – e aqui me refiro à verdadeira vitimização, não ao choro insincero tantas vezes ridicularizado de vítimas reais do mundo – opera uma espécie de, como você diz, "autodilapidação". É um estado de aceitação paralisante, no qual a pessoa assume uma posição de vítima que lhe confere um conforto sinistro. Essa posição exime o indivíduo da responsabilidade de se erguer e agir; ele se contenta em ser acolhido em sua dor. Afinal, o que se pede da vítima? O que se exige dela? Muitas pessoas só querem acolhimento, e não o convite da vida para se reerguer.

Recordo-me de um episódio vivido na adolescência, quando, com um coração compassivo, tentei ajudar um homem com uma ferida exposta. Minhas intenções foram recebidas com fúria; um vigilante me explicou que o homem dependia daquela ferida para pedir esmolas. Esse encontro, doloroso e esclarecedor, ilustrou a complexa relação entre a dor, a dependência e a resistência à mudança.

Esse paradoxo me faz refletir sobre a Psicologia no episódio bíblico da mulher adúltera,[*] quando Jesus desafia a multidão: "Aquele que nunca tiver pecado, que atire a primeira pedra". Não é um milagre físico, mas uma transformação da mentalidade coletiva. Essa sentença faz com que cada indivíduo na multidão se torne consciente de sua própria falibilidade, dissolvendo a fúria coletiva e provocando uma introspecção profunda.

Podemos inverter essa metáfora e nos desafiar: aquele que nunca se sabotou, que se atire a primeira pedra. Aquele que nunca falhou em cumprir uma promessa, ou nunca carregou

---

[*] A história da mulher adúltera, que não tem seu nome mencionado, é contada no Novo Testamento da *Bíblia*. Ela é levada até Jesus para ser punida, mas, ao invés disso, é perdoada por ele. (N.E.)

metas requentadas de ano novo, que se atire a primeira pedra. Porque, às vezes, nossas metas são incompatíveis com nossas capacidades atuais, e a coragem para enfrentá-las requer uma honestidade aterradora.

Ao acender a luz nesse quarto escuro para afastar os fantasmas, me deparo com a imagem terrível refletida no poema "O morcego", de **Augusto dos Anjos**. Assim como o narrador agarra o morcego, essa consciência – esse reconhecimento de nós mesmos como criaturas que se assustam – é uma experiência perturbadora. A consciência de nós mesmos é esse bicho terrível, e enfrentá-la exige a coragem de um peregrino em sua jornada solitária.

O poema de Augusto dos Anjos e o episódio do cego Bartimeu são ricos em sabedoria e simbolismo. Eles nos desafiam a confrontar as verdades dolorosas de nossa existência e a transcender os papéis de vítimas que inconscientemente podemos adotar. É um convite à autodescoberta, à introspecção e à ação corajosa que nos permite evoluir e nos curar. A coragem do peregrino reside na vontade de deixar a capa para trás, abandonar a ferida exposta e seguir em direção à verdadeira cura e ao crescimento.

**Cortella** – Uma das dificuldades maiores que a gente tem, embarcando no voo do morcego, é imaginar que ele é um mamífero como nós. Isto é, que existe mais identidade entre nós e um morcego como vida do que em relação a outros seres que consideramos menos repugnantes ou menos estranhos. Digo isso sem dificuldade. Eu tenho um gosto pelos morcegos, vindo de Londrina, no Paraná, depois tendo vivido em alguns lugares onde havia e há ainda a presença de morcegos. Existe dentro de nós, vez ou outra, um morcego que não queremos ver. Mas ele, como mamífero, é um parente imediato. Ele é tão estranho como configuração, mas, por outro lado, é expressão tamanha da beleza da natureza de fazer com que um ser daqueles, com suas membranas abertas, seja capaz não só de voar, como de parar, de alimentar-se. E tudo isso somos nós também. Nossa "morcegação" cotidiana, em larga escala, também nos causa estranheza.

A autodepravação, no sentido da espiritualidade, o comportamento irresponsável (extensamente autodestrutivo) marcam uma escolha. É uma má escolha, mas que oferece algum tipo de serenidade, algum tipo de conforto. Você mencionou antes, Rossandro, a expressão clássica de **Horácio**, *carpe diem*. No meu livro com Yves de La Taille,[*] existe um capítulo só sobre o *carpe diem*. Ali, refletimos sobre algo que não podemos esquecer: muitas vezes, o *carpe diem*, que é um apelo positivo, é utilizado como marca do desespero. Isto é: "Aproveite o dia. Viva o momento em última intensidade. Vá exaurindo todas as suas condições, sua capacidade, sua saúde, porque nada restará". Essa forma niilista de leitura do

---

[*] *Nos labirintos da moral*. Campinas: Papirus 7 Mares, 11ª ed., 2017. (N.E.)

*carpe diem* – isto é, "agora é a hora e só existe esta hora" –, se disseminada em uma comunidade de vida, tira a possibilidade, inclusive, de termos um caminho que siga adiante. Porque, se *carpe diem*, escave o momento do agora, colha os frutos do momento, imaginamos que "bom, não haverá frutos no outono, então tenho que pegar a primavera e tê-la até o limite máximo de vivência em relação à minha sexualidade, à minha religiosidade, ao mundo da alimentação, da velocidade, da aventura". Isso, sem dúvida, gera uma insanidade imensa. Portanto, precisamos voltar a lidar com a percepção de Horácio no *carpe diem*, sem que ela seja uma marca do desespero, de uma vivência de algo que terá que se esgotar neste momento, em que o termo o tempo todo é "a hora é agora".

**Rossandro** – De fato, Cortella, a questão da exaustão na nossa sociedade contemporânea, tão eloquentemente articulada por **Byung-Chul Han** em *Sociedade do cansaço*, é um fenômeno que tem ramificações profundas na maneira como vivenciamos o sofrimento e enfrentamos as dificuldades da vida.

A busca incessante pelo imediato, a ânsia pelo "agora" e a incapacidade de tolerar o "não" são sintomas de uma sociedade que desconhece suas próprias dores.

Essa demanda pelo instantâneo deixa as pessoas vulneráveis à inesperada negação que a vida pode impor – um "não" avassalador que, de tão brusco, se torna insuportável. Essa incapacidade de nomear e suportar a dor está profundamente conectada com o alarmante aumento de desistências da vida, particularmente pelo suicídio.

Refletindo sobre o triste fenômeno de adolescentes que se cortam, percebe-se que o ato de se ferir fisicamente torna-se uma maneira de expressar uma dor emocional inominável. É uma tentativa desesperada de dar voz a um sofrimento que, de outro modo, permaneceria mudo.

Essa inabilidade de enfrentar a dor também se manifesta em comportamentos escapistas e vícios, nos quais a busca de satisfação de todos os desejos acaba se tornando um ciclo vicioso e insustentável. Essa abordagem niilista do *carpe diem*, como você mencionou antes, longe de oferecer uma solução, leva a uma tortura incessante.

E o que dizer do Complexo de Peter Pan, esse desejo de eterna juventude e a fuga da responsabilidade e da maturidade? Esse desejo de "sempre verão" é uma espécie de positividade tóxica que empobrece a experiência humana, negando o valor e os ensinamentos das diversas "estações" da vida. A busca de uma eterna primavera ou verão, como pássaros migratórios, leva à rejeição do crescimento, ao estancamento do desenvolvimento emocional e psicológico.

A Psicanálise nos oferece um campo rico para explorar essas questões. Podemos entender a busca desenfreada pelo prazer e pela rejeição da dor como uma forma de regressão, um retorno a um estado infantil no qual os desejos são satisfeitos instantaneamente, e a complexidade da vida adulta é evitada.

Maturidade, ao contrário do que muitos podem pensar, não é uma questão de idade, mas uma escolha. Eu estava dando uma palestra em Maringá, quase vizinha a sua cidade natal, Cortella, e disse: "Peço que me desculpem, mas a maturidade não vem com o tempo. Tem gente que morre imatura". Porque maturidade é a escolha de enfrentar os outonos e invernos da vida, de andar pelas vielas, de engajar-se com a complexidade da existência, e não ser mero turista na própria vida.

Para que a maturidade ocorra, para que possamos verdadeiramente viver, é necessário acender a luz e encarar os fantasmas. É necessário pararmos de nos apedrejar e seguirmos em frente, com coragem e determinação. A vida está em constante mudança, e ela nos convida, ou melhor, nos intima a nos transformarmos. Essa é uma jornada que exige resiliência, autoconhecimento e uma aceitação corajosa de todas as estações da nossa alma. É uma viagem que rejeita a superficialidade e abraça a profundidade, em busca de um significado mais rico e de uma humanidade mais completa.

**Cortella –** Não sei se você sabe, mas existe uma música chamada "Maringá", que tem a ver com a Paraíba. Falo isso porque morei em Maringá quando tinha um ano de idade. O compositor da música "Maringá" é um mineiro de Uberaba chamado Joubert de Carvalho. Ele era médico e foi assessor do ministro de aviação, que era paraibano, durante o governo **Getúlio Vargas**, e, para "encantar" o chefe, criou a canção sobre uma Maria do Ingá, retirante paraibana, e o sucesso da música a fez ser muito cantada pelos operários que construíam a cidade nos anos 1940. O estribilho é: "Maringá, Maringá / Depois que tu partiste / Tudo aqui ficou tão triste / Que eu *garrei* a *maginá*".

Digo isso porque, quando se pensa em música, historicamente ela é uma das maneiras mais fortes de lidarmos com nossos fantasmas. Inclusive porque a música tem algo que é encantador para nós, que é a previsibilidade. A ciência diz que nós gostamos muito de música porque, depois que a decoramos, ou quando introjetamos os movimentos que ela tem, aquilo nos acalma. Quando ouvimos um acorde conhecido, sabemos qual será o próximo, portanto, está tudo sob controle. O mesmo vale para a criança que, à noite, pede que os pais lhe contem a mesma história, porque ela tem fantasmas quando vai se deitar. Às vezes, causa espanto uma criança querer assistir ao mesmo desenho na televisão dez, vinte, trinta vezes, mas aquilo a deixa em um estado de calma. Ela não fica calma por causa do conteúdo do desenho; ela fica calma porque há previsibilidade. É algo que faz com que a gente não entre em um estado de angústia – daí a monotonia ser colocada como um valor quando a alma está perturbada. Por isso gostamos de ir aos mesmos lugares, fazer as mesmas coisas. É uma familiaridade da ação, e a música traz isso, os desenhos e os *games* também. O mundo digital oferece essa perspectiva. Tudo é muito repetitivo, quase que trazendo um mau **Nietzsche**, que é o eterno retorno, algo que acontece de modo contínuo, uma história que é circular, e não linear.

A linearidade é um pouco apavorante, porque, de fato, não sabemos o que virá. O que mais nos alegra nas quatro estações é que depois desta estação vem a outra, e a próxima até voltar – essa agradável circularidade de alguns processos da natureza. A Lei de Lavoisier* de modo algum implica algo que seja estático; pelo contrário, ela é marcada pela dinâmica. É claro que uma parte hoje das novas gerações acaba também adquirindo alguns dos hábitos da convivência com as gerações mais idosas. Por exemplo, a coisa mais gostosa no mundo religioso de várias sociedades é ter um "rosário", seja o que é utilizado como manipulação dentro do mundo islâmico, seja aquilo que se faz no mundo hebraico ou no mundo cristão de algumas muitas denominações. Não é apenas porque o rosário é um mantra, mas porque a gente vai e volta no mesmo lugar. Não tem surpresa. O grande sucesso de alguns cultos, por

---

\* Também conhecida como Lei da Conservação de Massas, foi proposta pelo químico francês Antoine Lavoisier (1743-1794) e afirma que "na natureza, nada se cria, nada se perde; tudo se transforma". (N.E.)

exemplo o culto católico romano, é a previsibilidade. Nós sabemos o que o padre vai dizer antes mesmo de falar porque aquilo está em um breviário, em um ofício, e faz parte de um ritual. Sabemos o que o padre vai falar e o que devemos responder. Quer coisa mais calmante do que isso? O momento mais perturbador, às vezes, em alguns cultos, é a hora da homilia, porque não sabemos como será o sermão. O resto é sempre igual. Quem nos legou isso com muita força foi o mundo monástico medieval. Isto é, a ideia das horas, o Ofício das Horas:* tal hora fazemos isto, tal hora fazemos aquilo. Digo isso com tranquilidade porque fui monge. Eu tinha 18, 19 anos, vivia na clausura da ordem carmelitana descalça. Aliás, eu conheço não só a disciplina, como o cilício também. Portanto, isso fez parte do movimento.

Por que estou insistindo nesse ponto? As quatro estações nos animam, isto é, não tiram de nós o *animus*, a alma, porque elas voltam. E sabemos como será. Portanto, para lembrar o nosso grande **Mário Quintana**, é por isso que o paraíso deve ser um tédio, como escreveu: "No céu é sempre domingo. E a gente não tem outra coisa a fazer senão ouvir os chatos. E lá é ainda pior que aqui, pois se trata dos chatos de todas as épocas do mundo".

---

\*   Oração cotidiana da Igreja católica. (N.E.)

**Rossandro** – A complexidade que caracteriza a era moderna, com suas infinitas opções e possibilidades, conduz àquilo que é referido como "fadiga de escolha". Esse conceito, claramente ilustrado em nossa infância com as simples escolhas entre Conga, Kichute ou Bamba* – fui longe agora (*risos*) –, e refletido na ampla oferta de *streamings* de filmes e séries, nos leva a considerar um aspecto fundamental da natureza humana: a necessidade de repetição.

**Cortella** – Você sabe que a escolha mais tranquila até hoje foi a escolha de Adão. Porque, depois de fazer Eva, Deus chamou Adão e disse: "Agora vá e escolha uma mulher". Então, essa escolha deu tranquilidade a Adão, inclusive porque, se desse errado, ele diria: "Veja, eu não tive escolha". (*Risos*)

**Rossandro** – A repetição, seja em forma de ouvir a mesma música várias vezes, de seguir rituais religiosos, ou até mesmo de seguir tradições e rotinas diárias, serve como uma âncora em um mundo que se torna cada vez mais complexo e tumultuado. Enquanto a vasta multiplicidade de escolhas pode criar uma sensação de angústia e paralisia, a repetição traz conforto, estabilidade e uma sensação de controle.

**Cortella** – Há pessoas que gostam de ouvir música em alto som que elas colocam dentro do carro e toda a comunidade

---

\* Marcas populares de tênis entre as décadas de 1960 e 1980. (N.E.)

acaba ouvindo também, mas é uma música que elas não ouvem de fato, porque o som ressoa de maneira muito retumbante ali e, portanto, o que elas desejam com isso é a batida do coração.

**Rossandro** – Certamente. É como se, diante da inabilidade de expressar suas próprias dores, as pessoas se voltassem para o catálogo musical do amor. Aproximadamente 90% dessas melodias se encaixam em duas categorias: a celebração sentimental do "desde que você chegou, minha vida agora faz sentido" e o lamento desesperado do "desde que você partiu, estou num poço sem fundo". É um repertório dividido igualmente entre odes ao amor transformador e ao coração dilacerado. E, claro, existem variações na execução dessas canções, mais ou menos poéticas, algumas bem menos poéticas. (*Risos*)

## A angústia da monotonia

**Rossandro** – A era contemporânea é paradoxalmente marcada por uma abundância de informações e uma incapacidade alarmante de prever o futuro, uma observação agudamente apontada pelo historiador **Yuval Harari**. Em sua análise, ele sublinha que, pela primeira vez na história humana, estamos inundados com dados e tecnologias, mas somos impotentes para articular como será o mundo nos próximos cinco anos. Essa incerteza gera uma angústia coletiva, um sentimento de estar à deriva em um oceano de possibilidades desconhecidas.

Tal angústia pode ser contrastada com o oposto, o tormento da previsibilidade, algo exemplificado na história mitológica de Sísifo, que retomo aqui. O castigo de Sísifo, eternamente condenado a empurrar uma pedra morro acima, apenas para vê-la rolar de volta, é uma metáfora vívida para a exaustão da repetição. Mas poderia a angústia de Sísifo também ser interpretada como uma consequência da previsibilidade, não apenas da repetição? A tarefa inútil e previsível de Sísifo torna-se um símbolo não apenas da futilidade humana, mas também da necessidade de escapar do conhecido, do seguro, e embarcar em uma jornada peregrina em direção ao desconhecido. Nesse sentido, tanto a incerteza quanto a previsibilidade excessiva podem se tornar fontes de inquietação, e talvez a verdadeira sabedoria resida em encontrar um equilíbrio entre esses dois extremos.

**Cortella** – Eu sempre lembro que a maior dor de Sísifo não era ter que levar uma pedra até o alto da montanha e ela retornar. O maior sofrimento e, portanto, o maior castigo de Sísifo não era empurrar a pedra morro acima; era fazer isso com a mesma pedra. Isto é, ele a levava e a mesma pedra voltava. O castigo que os deuses deram a Sísifo não foi empurrar pedra, fazer esforço. Isso Hércules* já havia feito. O castigo de Sísifo era empurrar a mesma pedra, isto é, ter a monotonia como sendo algo que, de maneira alguma, ofereceria a ele qualquer tipo de novo e, portanto, de renovação da alma, de tornar possível, por exemplo, contemplar no outono o cair das folhas e

---

\* Herói da mitologia grega conhecido por sua força física e por ter realizado doze trabalhos considerados impossíveis. (N.E.)

fazer daquilo uma paisagem – mas sabendo que só isso também é absolutamente tedioso.

Existe um filme com a Sophia Loren chamado *Os girassóis da Rússia*.[*] Eu gosto muito de girassol, como flor e como alimento também. E no filme tem uma cena que mostra um campo de girassóis, que é algo inacreditável de bonito, mas monótono depois de um tempo. Não é casual que a gente goste mais do ramalhete do que do gramado. Os britânicos, que se especializaram em fazer jardins inacreditáveis, mas que são de um mesmo modo, tiveram que criar arbustos de outra maneira para quebrar a monotonia do jardim britânico com algo absolutamente surpreendente, que é o labirinto. Afinal, o que é o labirinto senão a epifania da surpresa ao imaginar que, de fato, nós estamos aprisionados dentro de um campo no qual nem sempre temos clareza de onde é a saída. Tal como naqueles parques de diversão mais antigos, que têm a casa dos espelhos – em tese, é a nossa própria imagem que nos engana, é a nossa identidade que nos perturba.

Volto eu a Sísifo. Imagine qual é o desespero de estar o tempo todo no campo de girassóis? A coisa mais bonita do campo de girassóis é que ele deixa de sê-lo em algum momento. Tal como, para mim ao menos, a finitude é que dá gosto à minha não finitude enquanto a finitude não acontece. Porque, fosse eu de modo infinito, não teria fruição alguma disso.

---

[*] Filme de 1970, dirigido por Vittorio De Sica. (N.E.)

Existe um filme antigo dos anos 1970, de John Boorman, com Sean Connery no elenco, chamado *Zardoz*. E é claro que o título é uma brincadeira com *O mágico de Oz*.* O filme conta a história de uma comunidade humana que consegue, por intermédio de um cristal, criar a vida eterna. Só que essa comunidade começa a achar a eternidade insuportável depois de 400 anos. "A mesma praça, o mesmo banco, as mesmas flores, o mesmo jardim"...** Pois bem, essa comunidade de imortais fica sabendo que há uma comunidade externa a ela de pessoas brutas, lideradas pelo personagem interpretado por Sean Connery. E os eternos querem que ele destrua o cristal porque só assim poderão ser mortais. O terço final do filme é exatamente a invasão dos "bárbaros", que é o modo como são chamados, atirando nos eternos com alegria, enquanto estes correm em direção à morte ao som da *Sétima sinfonia* de **Beethoven**.

Nós ficamos encantados com a ideia de viver o tempo todo dentro de um campo de girassóis, mas ele é bonito por um tempo; depois, dá desespero. Tal como é bom estar no Polo Sul ou no Polo Norte até certo ponto. E também no deserto, por isso é que sonhamos em atravessá-lo. Mas nem Adão e Eva quiseram ficar só no paraíso.

---

\* Filme de 1939, dirigido por Victor Fleming. (N.E.)
\*\* Letra da música "A praça", composta por Carlos Imperial. (N.E.)

**Rossandro – Bahá'u'lláh**, um profeta ilustre da tradição muçulmana, que fundou a Fé Bahá'í, em uma de suas metáforas contemplou a paisagem da humanidade com um olhar de botânico. Para ele, a beleza de um jardim estava na vasta diversidade de suas flores. Ele postulava que um arranjo monocromático de rosas vermelhas, embora visualmente atraente, torna-se monótono à alma. Essa sabedoria é um espelho que reflete as inquietações contemporâneas da sociedade. Em um mundo cada vez mais interconectado, a dor pungente que muitos sentem é a incapacidade de aceitar a diversidade, aquela que desafia o conforto do que nos é familiar.

Os algoritmos que regem a internet só intensificam esse efeito. Se mergulharmos na vastidão da sabedoria de qualquer grande gênio da humanidade, e permitindo que seus pensamentos guiem nossa curiosidade, seremos confrontados com um universo da Filosofia, da História ou da Psicologia em um *loop* incessante. Isso nos aprisionaria em um labirinto digital que, de forma irônica, é ao mesmo tempo previsível e reforça nossa compreensão, mas está em desacordo com a complexa tapeçaria da realidade — inesperada, multifacetada, angustiante. Agora, imagine esse *loop* com o fútil, com a mentira, com o dantesco.

Esse refúgio no familiar é um clamor por segurança, como uma criança que pede aos pais para contar a mesma história toda noite, porque é previsível, não tem estresse, surpresas, buscando o tom melodioso e calmante dos pais para aplacar os terrores noturnos.

Em uma perspectiva ancestral, o cérebro humano desenvolveu-se para favorecer o conforto e o familiar. Essa predisposição tinha um propósito primordial: permitir a sobrevivência em um mundo repleto de ameaças ocultas. Hoje, muitos de nós se refugiam nas trincheiras da previsibilidade. Porém, ao transferirmos esse comportamento para a complexidade do mundo moderno, embotamos nosso desenvolvimento.

**É assim que a ansiedade e o medo frequentemente nos retêm, fazendo-nos temer o fracasso e a incerteza do desconhecido. Em vez de nos lançarmos em novas experiências, optamos pela hesitação ou pela comodidade dos caminhos já trilhados.**

É assim que a ansiedade e o medo frequentemente nos retêm, fazendo-nos temer o fracasso e a incerteza do desconhecido. Em vez de nos lançarmos em novas experiências, optamos pela hesitação ou pela comodidade dos caminhos já trilhados.

Em nossos tempos, o conforto permeia a vida cotidiana de formas nunca antes vistas. Dirigimos até os mercados, procurando vagarosamente a vaga ideal para minimizar nossos passos. Nos corredores, produtos semiprontos seduzem com sua promessa de facilidade: legumes já fatiados, carnes temperadas, sobremesas que exigem pouco mais que um simples gesto. Em um teatro de ilusões, muitos já se acham um *master chef*. Logo em seguida, nos entregamos à passividade do entretenimento: "Por que ler quando a adaptação cinematográfica se aproxima?".

É uma travessia perigosa, essa. Pois, ao buscar incessantemente o conforto, nos distanciamos das ricas experiências que surgem do desconforto e do desafio. Confrontar-se com o desconhecido, aceitar o desagrado, superar o estresse e desafiar-se intencionalmente fora da zona de conforto é a verdadeira alquimia do crescimento. Apenas nesse fogo transformador podemos nos descobrir, aprender e evoluir.

Precisamos dar um primeiro passo, e muitos postulam que o primeiro passo é o mais árduo. Mas permita-me divergir: nem sempre o início é tão difícil, mas é imperativo que ele ocorra.

É no diálogo com o diferente, com aquele que nos desestabiliza, que realmente crescemos. Assentir continuamente, Cortella, é a dança da complacência. O desafio, a discordância, nos obriga a reconfigurar, a estabelecer novas conexões neuronais em busca de compreensão ou retórica. Limitar-se às mesmas escolhas, seja na sorveteria ou na vida, é privar-se da riqueza do desconhecido. Pois escolher uma paleta previsível de experiências é como colorir o mundo em tons de cinza, negando-se o prisma de possibilidades que a vida oferece, de viver as quatro estações e todas as suas possibilidades.

**Cortella** – É por isso que experimentar, como eu falava antes, tem dentro de si a ideia de perigo. Porque o experimentar nos coloca risco. Já a previsibilidade afasta o risco, mas por outro lado traz a monotonia como resultado.

É claro que é muito gostoso sair para uma caminhada. Mas essa caminhada é melhor quando ela não é idêntica o tempo todo. Nenhuma caminhada pode ser absolutamente, continuamente, inédita, porque, do contrário, a gente se perde. Mas ela não pode ser completamente idêntica. Gosto muito de caminhar e caminho também na esteira todos os dias. Mas é diferente caminhar na esteira e caminhar na rua, no parque, na orla, em um lugar que seja um passeio. É claro que o caminhar na esteira oferece aquilo de que preciso, que é um condicionamento que não posso perder. Caminhamos muito no palco quando damos uma palestra, para lá e para cá. Mas isso não substitui a caminhada na esteira. É uma forma de caminhada, mas não é a mesma caminhada pela orla de João Pessoa, ou pelos parques de Campina Grande, ou pela beira do lago Igapó, em Londrina.

Gosto demais quando o recifense **Nelson Rodrigues** – falando de futebol, mas vale para outras coisas também –, chamava algumas pessoas de idiotas da objetividade. Ele dizia que algumas pessoas eram, no campo da análise esportiva, idiotas da objetividade porque o tempo todo falavam: "Bom, futebol é assim, a vida é assim". Essa objetividade acaba conduzindo a uma incapacidade de sonhar, de devanear, e também de desejar. Isso significa que, quando ficamos restritos ao universo do idêntico, somos idiotas da objetividade. Novamente, "a mesma praça, o mesmo banco, as mesmas flores, o mesmo jardim"... É evidente que isso reduz imensamente o repertório que possamos ter.

Conviver com pessoas que pensam exatamente como eu não me coloca a obrigação de ter que experimentar todas as coisas. Há coisas que eu não preciso experimentar porque a experiência anterior que outros tiveram já mostrou que aquilo é danoso. Quando eu e você, Rossandro, falamos para jovens e seus pais, nós não dizemos que, para abrir a cabeça, é preciso experimentar todas as coisas. Nós já sabemos que algumas coisas fazem mal. Já conhecemos o malefício que algumas coisas trazem no nosso dia a dia. Mas aquilo que não traz dano e que, pelo contrário, amplia a capacidade, vai além do outono existente, e faz com que, de novo, o idiota da objetividade, vendo no outono a árvore sem folhas, diga que "é assim". Mas quando somos capazes de ser um pouco mais românticos, e isso é bom para recusarmos a idiotia da objetividade, enxergamos as folhas na árvore antes de nascerem de novo. É por isso que alguns pintam a árvore com folhas, para que ela permaneça. Mas também se faz em pintura o registro da natureza morta. Também se faz *O grito*, que você antes citou. Fazemos, como fez **Michelangelo**, a mãe segurando o filho morto na *Pietá*. Mas fazemos também o esplendor que é a *Vênus*, de **Botticelli**. Portanto, fazemos coisas que vêm à nossa cena como sendo uma marca exatamente dessa multiplicidade. Vivam as quatro estações!

**Rossandro** – Cortella, você discorreu sobre a paisagem que, por mais deslumbrante que se mostre, eventualmente cede à monotonia quando constantemente repetida. Recordo-me de um paciente, um eterno nômade em relações afetivas, sempre ao lado de mulheres de beleza estonteante. Intrigado, questionei-lhe sobre essa inquietação amorosa. Sua resposta foi eloquente: "Doutor, por mais bela que uma pessoa se apresente, com o tempo ela se transforma em mero pano de fundo, um simples *layout*". Era evidente sua fixação pelo exterior, negligenciando o universo infinitamente mais profundo e enigmático da alma. Tal comportamento é emblemático de quem se limita às superfícies, pois quem é raso só enxerga o que é raso, quem se mantém na superficialidade apenas percebe o superficial.

No entanto, há riscos inerentes em permanecer demasiado tempo no que é familiar e reconhecível. Ao nos acomodarmos em uma única estação da existência, corremos o perigo de estagnar, inclusive em ambientes prejudiciais – como as relações tóxicas que, por mais deteriorantes que sejam, tornam-se zonas de conforto, obstruindo nossa visão para novos horizontes e novas possibilidades.

Imagine-se em um veículo, cruzando uma estrada, quando subitamente nos deparamos com uma paisagem de tirar o fôlego. Tamanha é a nossa admiração que recorremos a versos de canções: "Eu não sei parar de te olhar".[*] Porém, a viagem não pausa. E na tentativa de não perder tal vista, contorcemo-nos, perdendo, por consequência, as inúmeras outras maravilhas ao longo do trajeto. Em certas ocasiões, nossa fixação em um único momento ou sensação nos impede de perceber as renovações, os recomeços e as transformações que inevitavelmente ocorrem.

Há quem sonhe com uma existência sem contratempos, uma eterna estrofe e um refrão harmoniosos, como na música "O quereres", de Caetano Veloso: "Eu queria querer-te amar o amor / construir-nos dulcíssima prisão / encontrar a mais justa adequação / tudo métrica e rima e nunca dor". Contudo, como Caetano sabiamente articula, "a vida é real e de viés". Ela não segue uma partitura predefinida,

**Ao nos acomodarmos em uma única estação da existência, corremos o perigo de estagnar, inclusive em ambientes prejudiciais – como as relações tóxicas que, por mais deteriorantes que sejam, tornam-se zonas de conforto, obstruindo nossa visão para novos horizontes e novas possibilidades.**

---

[*] Letra de "É isso aí", composta por Damien Rice e adaptada por Ana Carolina. (N.E.)

e seus acordes não são sempre melodiosos. A ânsia de congelar o tempo, de ancorar-se em um único instante, por mais sublime que seja, pode ser fonte de profundo desassossego e angústia.

Sim, o ato de mudar pode ser árduo e intimidante, mas é a própria essência da vida. E, dependendo da transformação em curso, pode ser tentador refugiar-se no já conhecido, mesmo quando, claramente, já não nos serve mais.

**Cortella** – Aliás, pensando nisso que você fala sobre diversidade de experiências, Rossandro, uma estrutura monogâmica como aquela que eu vivencio por escolha não é a recusa ao desejo daquilo que é diverso. Ela é a escolha por aquilo que se fez a escolha. Não procuramos naquela pessoa com quem estamos aquilo que todas as outras têm, mas aquilo que só ela tem, que nela dá a nossa identidade. Mas, em momento algum, tomando a monogamia ou ampliando o termo para fidelidade, ela é ausência do desejo do diverso. Ela é exatamente a maneira de lidarmos com isso para que a escolha feita seja a escolha principal.

A escolha feita nessa multiplicidade, isto é, nesse imenso jardim florido de humanas e humanos que o planeta oferece, tem um custo, um esforço. Tem a necessidade de se fazer e refazer escolhas. Não significa que as seduções não estejam à volta, mas que cada uma delas, quando vencida, se isso é entendido como correto, é sem dúvida um reforço da escolha feita. Toda escolha é uma abdicação. Não tem outro jeito. Quando optamos por algo, deixamos de fora todo o restante. As pessoas, vez ou outra, entendem isso até de modo equivocado.

A **Monja Coen** e eu, em um livro chamado *Nem anjos, nem demônios: A humana escolha entre virtudes e vícios*,[*] trabalhamos um pouco essa ideia. Nele, eu falo o quanto, por exemplo, ao contrário do que algumas pessoas imaginam, o voto de castidade não é a negação do sexo; é uma afirmação da sexualidade. O voto de castidade não anula a sexualidade, ela continua presente, o desejo não é extinto. A ideia do voto de castidade em várias religiões é esta: "Isso é tão importante que eu vou abrir mão". Eu, Cortella, dizer como sulista que sou, que prometo que a partir de agora não vou mais comer coentro nem quiabo, não é escolha alguma; essa é a minha inclinação. Especialmente o coentro, ao qual me dedico toda semana de algum modo para ver se consigo entender o que muitas pessoas apreciam.

Algumas das promessas que as pessoas fazem: deixar crescer a barba – não é o meu caso –, ficar um mês sem comer algo – pode ser que isso tenha validade quando deixamos de lado aquilo que valorizamos muito. Mas quando não nos importamos, podemos fazer a promessa que quisermos. É por isso que a fidelidade é muito mais valorizada quando sabemos da abdicação que temos que fazer, e essa abdicação é testada,

---

[*] Campinas: Papirus 7 Mares, 2019. (N.E.)

isto é, ela é provada. De novo, o experimentar. E, ao mesmo tempo, persistimos na escolha feita. Mas isso não significa que o desejo esteja anulado.

**Rossandro** – É engraçado que, às vezes, quando alguém fala isso em uma relação, dependendo do nível de maturidade em que o casal está, a outra pessoa às vezes fica chateada, porque ela imagina que o desejo não existe mais. Na verdade, eu penso que parte da grandeza dessa relação é sua reafirmação cotidiana, que você colocou de forma tão poética, Cortella, ao dizer: "Não procuramos naquela pessoa com quem estamos aquilo que todas as outras têm, mas aquilo que só ela tem", e por isso escolhemos todos os dias ficar, abdicar e permanecer.

Refletir sobre os desejos nas relações é, em parte, mergulhar na complexidade da Psicanálise e na Filosofia estoica. Freud, no conceito de sublimação, nos faz compreender que os seres humanos têm a capacidade de transformar seus impulsos básicos e instintivos, como o desejo sexual, em outras formas de expressão mais elevadas e socialmente aceitáveis, como a arte e a criatividade. Dentro de um relacionamento, essa sublimação pode ser vista quando o casal ultrapassa a simples atração física e consegue encontrar significado e profundidade na relação, transformando seus desejos em compromisso, cuidado e uma conexão mais profunda.

Os estoicos, por outro lado, têm uma visão singular sobre o desejo. Para eles, desejos não satisfeitos são fontes de sofrimento e, portanto, devemos aprender a controlá-los e a desejarmos apenas aquilo que está ao nosso alcance, aceitando o que não podemos mudar. Em relações amorosas, essa perspectiva estoica pode ser traduzida como uma aceitação profunda do outro como ele é, sem a constante necessidade de mudança ou adaptação. É um amor que nasce da compreensão e da aceitação.

E quando falamos de reafirmação diária em um relacionamento, é essa complexa interação entre sublimação e desejo estoico que está em jogo. Escolhemos o parceiro não apenas pelo que ele representa superficialmente, mas pela profundidade e singularidade que traz à nossa vida. A canção de **Lenine** ilustra bem essa ideia, sugerindo que, apesar das inúmeras tentações e desejos, existe uma escolha consciente, repetida e sublimada pelo parceiro com quem nos comprometemos. Na música "Todas elas juntas num só ser", ele vai citando mulheres que aparecem em obras de grandes poetas e escritores, mas diz que nenhuma delas é melhor do que aquela com quem está. Ele diz que, de todas elas, "canto e toco só você". Mas, no fim, brinca com a possibilidade de que "se um dia me surgisse uma moça / dessas que com seus dotes e seus dons / inspira parte dos compositores / (...) / confesso que eu talvez não resistisse / mas, veja bem, meu bem, minha querida / isso seria só por uma vez / uma vez só em toda a minha vida / ou talvez duas... mas não mais que três".

Contudo, como a música também sugere, somos seres humanos e, portanto, falíveis, o que nos remete de volta à nossa constante luta entre nossos desejos internos e a realidade externa. Em suma, um relacionamento bem-sucedido é aquele em que ambas as partes continuam escolhendo uma à outra, dia após dia, reconhecendo e sublimando seus desejos na construção de uma história compartilhada.

**Cortella** – É por isso que **Roland Barthes** escreveu, no livro *Fragmentos do discurso amoroso*, que nós não amamos alguém, amamos o amor. E essa pessoa é a guardiã do amor que amamos. Deixamos de estar com essa pessoa quando ela deixa de ser a guardiã, quando não a vemos mais como a guardiã daquilo que amamos. **Terezinha Rios** e eu ampliamos e reeditamos um livro chamado *Vivemos mais! Vivemos bem? Por uma vida plena*.* E ela fala que é absurdo quando alguém diz: "Eu estou com você porque você me completa". Porque ninguém é parcial. Eu sou inteiro. O outro não me completa, ele me adiciona. Portanto, ele me multiplica. E aí volto eu exatamente a este polo, à ideia de que, quando temos a possibilidade de ampliar a nossa percepção, ela sem dúvida continuará marcada pelo campo das escolhas. Essas escolhas nos levam, inclusive, a imaginar que a nossa impaciência, em

---

\* Campinas: Papirus 7 Mares, 2ª ed., 2023. (N.E.)

larga escala, nos tempos atuais, vem de não entendermos as quatro estações.

Quem lida no mundo da roça, quem lida no mundo da agricultura tem uma paciência muito maior. O nosso afastamento do mundo da produção agrícola nos trouxe uma percepção um pouco mais idêntica do que são as estações. Quando eu era criança, só tinha morango em um determinado momento do ano. Só tinha laranja-baía em uma determinada época do ano. Portanto, essa possibilidade de nós termos *tudo, ao mesmo tempo, agora* mostra que essa simultaneidade de situações retira de nós um pouco da capacidade de maturidade ou de paciência. Não falo disso com nostalgia, que é uma lembrança dolorida, mas com saudade, que faz com que a recordação seja boa. Nós precisávamos aguardar, e isso fazia com que tivéssemos boas sensações conforme os dias iam chegando. O momento ia chegar: "Tu vens, tu vens, eu já escuto os teus sinais".

Quando criança, em Londrina, eu gostava de ouvir o barulho do jipe com o meu pai que chegava do trabalho. Tal como os pais gostam quando, ao entrarem em casa, percebem que seus filhos estavam aguardando por aquele momento. Não se trata do surpreender, porque há o desejo de que aquele momento chegue, mas é algo que ainda assim cria expectativa. Afinal, expectativa e esperança têm dentro de si a mesma ideia. Portanto, esta é a lógica que a Terezinha lembra: "Você não me completa, eu sou inteira. Você pode me acrescentar, fazer com que eu dê um passo além, que eu altere o meu estado para melhor. Mas me completar, não, de jeito nenhum".

**Rossandro** – Quando você faz essa reflexão sobre saudade, do sentimento bom que ela traz, retoma a passagem em *Eclesiastes* que diz: "Tudo tem o seu tempo determinado, e há tempo para todo o propósito debaixo do céu. Há tempo de nascer, e tempo de morrer; tempo de plantar, e tempo de arrancar o que se plantou". Precisamos entender esse tempo das coisas como necessário, pois só quando o respeitamos é que temos saudades, e não nostalgia ou, pior, arrependimento.

No entanto, o tempo atropelado que vivemos tem desritualizado a sociedade. Não que a ritualização excessiva seja positiva, mas perdemos coisas simples, como comer todos juntos, esperar o pai ou a mãe chegar para iniciar a refeição... Isso tudo que foi sendo perdido vem gerando, na minha visão, Cortella, um desenraizamento dos sujeitos.

Uma revisão de 50 anos de pesquisas sobre a importância das rotinas e dos rituais familiares pela *American Psychological Association* descobriu que os rituais fornecem uma continuidade reconfortante para crianças e jovens. A familiaridade, a regularidade e o conforto dos rituais familiares também trazem uma sensação de estabilidade, o que é diferente da zona de conforto de que falamos antes, de quem insiste em estacionar.

Tradições e experiências compartilhadas são os pilares que sustentam o edifício das relações familiares duradouras. Elas bordam a tapeçaria da memória coletiva, oferecendo calorosas reminiscências que, muitas vezes, transcendem o limite de uma vida inteira. Cada história contada, cada crença transmitida, cada ritual e costume perpetuado refletem a construção cultural e afetiva de uma família. Estudos indicam que tradições alimentam um sentimento profundo de pertencimento e proporcionam uma sensação reconfortante de continuidade e rotina. No mundo atual, em que é possível comprar comidas típicas das festas juninas, como o milho, em janeiro e encontrar decorações natalinas em outubro, as tradições e experiências que se restringem a momentos específicos do ano tornam-se cada vez mais raras e preciosas.

Em uma era marcada pela instantaneidade e onde tradições sazonais veem seus símbolos serem comercializados fora de época, a genuinidade de momentos reservados para celebrações específicas adquire um valor inestimável, como a lembrança de seu pai chegando de jipe.

## O tempo de cada estação

**Rossandro** – Antigamente, os pais nos ensinavam a esperar. Eles nos ensinavam a esperar pelo momento do brinquedo, de comermos juntos... Tínhamos que suportar o fato de que, por exemplo, queríamos ver desenho, mas o pai queria assistir ao jornal. Esses rituais moldavam nossa percepção do tempo, assim como o homem do campo que, como você lembrou Cortella, se orienta pelas estações do ano, que determinam o momento de semear e colher. E ainda assim ele é pego de surpresa em um inverno que é menor, em um verão que é mais quente, em uma enchente que acontece. Mas ele está sempre ali, trabalhando com as estações que vão passando e com os ritos que elas o obrigam a ter. Entretanto, essa sensibilidade rítmica tem se dissipado na urbanização frenética que vivemos, alimentando um ciclo de imediatismo.

Essa voracidade contemporânea trouxe consigo o espectro da depressão, não apenas como uma condição clínica, mas também como um reflexo social. Byung-Chul Han argumenta a reclamação do indivíduo depressivo "de que nada é possível só pode ocorrer em uma sociedade que diz que tudo é possível". Em uma cultura sedenta de desejos, muitos enfrentam a desilusão de não poder colher imediatamente o que desejam. Não podemos colher, em uma determinada estação, uma fruta que só dá na outra; só podemos congelar a polpa, mas jamais colhê-la no pé.

Há uma beleza ímpar na expectativa, reminiscente do Pequeno Príncipe,[*] da visita daquele que, só de sabermos que vem, já gera uma boa ansiedade. No entanto, o excesso contemporâneo muitas vezes mascara uma carência profunda. Recordo-me da infância, quando os apagões nos levavam à sala de estar, e o escuro era preenchido por canções e histórias arrepiantes, um rito de passagem que talvez você, Cortella, tenha compartilhado em suas raízes paranaenses.

**Cortella** – Claro. Essa era uma das maneiras de fazer com que a criança se preparasse para a vida. Inclusive porque há um elemento de alta sexualidade nas histórias de terror. Elas mexem com energias que são mais profundas, haja vista o quanto que o cinema trabalha com filmes para adolescentes

---

[*] Referência ao livro do francês Antoine de Saint-Exupéry (1900-1944). (N.E.)

que não estão necessariamente na prática sexual intensa. É uma geração que tem até uma sexualidade colocada em um patamar diferenciado do que já foi, que tem um gosto muito grande por zumbis, por vampiros, portanto, figuras com uma sexualidade maravilhosa por trás.

**Rossandro** – É a pulsão sexual sempre como uma energia que, inegavelmente, movimenta muito nossas emoções, amigo.

Com relação à falta de energia, o que sempre me marcou era a nossa reação quando a luz se extinguia e a televisão silenciava. Aquela interrupção abrupta nos oferecia uma oportunidade rara de intimidade, uma que parece ter se perdido na voragem dos tempos modernos. A escuridão repentina se transformava em um convite inesperado à conversa, à partilha, à cumplicidade. E quando a eletricidade era restaurada, soltávamos um sonoro "aahhh", quase como um lamento. Era como se a luz, ao retornar, ofuscasse a chama delicada da conexão familiar que tínhamos acabado de reacender.

Esses momentos de genuína conexão se contrastam com a realidade de hoje, na qual muitos se encontram aprisionados em seus próprios *Black mirrors*,[*] reféns de seus *smartphones*. Mesmo na ausência de eletricidade, esses dispositivos persistem,

---

[*] Referência ao seriado de ficção científica que mostra o lado negativo da tecnologia. (N.E.)

mantendo-nos conectados ao mundo virtual e desconectados uns dos outros.

Há uma certa beleza em abraçar o presente, em colher apenas o que a estação atual nos permite. Não que estejamos proibidos de inovar ou de tentar plantar morangos no auge do verão, mas é fundamental reconhecer que, às vezes, desafiar a ordem natural das coisas tem um preço. Ignorar os ritmos da vida em prol de um consumo desenfreado pode ter consequências inesperadas. E essa resistência não é sinal de conformismo, mas sim de uma desconexão profunda, uma inconformidade no sentido mais preocupante da palavra.

**Cortella** – É o momento em que o molho fica mais caro que o peixe. Isto é, em que pagamos um custo muito elevado para que o desejo possa vir a qualquer momento, de qualquer modo, para que a satisfação venha de qualquer direção. Porque o desejo é colocado como uma mercadoria apenas. E, assim sendo, ele é colocado nesse grande mercado para que a gente vá buscá-lo a qualquer instante. Evidentemente, isso tem um custo. E o custo maior é, primeiro, uma incapacidade de saciedade. Uma das ideias do teólogo **Agostinho** que eu mais aprecio é quando ele diz: "Não sacia a fome quem lambe pão pintado". Não se mata a fome lambendo apenas o simulacro de um alimento. Nesse sentido, claro, quando olhamos para esses caminhos em que se busca o tempo todo ter tudo à disposição, sem que haja um tempo de espera, sem que se compreenda essa ideia do tempo para cada coisa, isso não significa retardar. Aguardar o tempo não é retardar; é ter a paciência desenvolvida. Essa é uma virtude que lida também com outras condições.

A tecnologia pode nos distrair desse sufoco do cotidiano, pode nos ajudar a ultrapassar essa agonia que nos captura, como também aprofundá-la. Ou pode servir como cadafalso, em que vamos perdendo a nossa inteligência e autonomia. Uma parte de nós quer cessar esse movimento indo para algum lugar em que o tempo demore a passar. Porque, no mundo do frenesi urbano, a expressão mais comum que ouvimos é esta: "Eu nem notei o tempo passar. O tempo passou e eu não percebi. As coisas estão muito rápidas, a vida está muito acelerada". E aí há um movimento idílico de ir para um lugar mais isolado, procurar um canto da praia, por exemplo, onde não haja toda essa percepção. Ali, teremos que lidar com o tédio. Porque quem está habituado com o movimento contínuo, quando tem uma diminuição dessa aceleração, pode sentir um desconforto muito grande. Dou esse exemplo porque nós, que vivemos no

> **A tecnologia pode nos distrair desse sufoco do cotidiano, pode nos ajudar a ultrapassar essa agonia que nos captura, como também aprofundá-la. Ou pode servir como cadafalso, em que vamos perdendo a nossa inteligência e autonomia.**

Sudeste, habituados, por exemplo, na capital paulista, onde o serviço, ao ser demandado no restaurante, em um hotel, em uma loja, ele tem que ser cumprido rapidamente, temos uma exigência de presteza e de velocidade do atendimento. Quando vamos para algumas áreas do Brasil onde o lazer também é importante, onde pedimos algo para comer na beira de praia, em uma vila de pescadores, e aquilo vai demorar de 30 a 40 minutos – portanto, teremos que nos acalmar e conversar, se não tiver sinal de internet, ficar olhando a água do mar, ver o siri passar –, isso dá um desespero danado. Qual é a avaliação que fazemos, então? Que esse povo não sabe trabalhar direito, que eles têm que fazer como nós. Mas é porque está se fazendo como não se faz no dia a dia que estamos ali.

Essa necessidade de abstrairmos a ideia de tempo é muito marcante por isso. E aí concluo: quando você mencionou o Pequeno Príncipe, Rossandro, há uma diferença entre a espera dele, que se alegra porque virá, e aquela de Godot,* que produz muito mais agonia porque não virá. N'*O pequeno príncipe*, existe a noção de que virá e, portanto, a espera é prazerosa. Em grande medida, nós nos afastamos da espera do Pequeno Príncipe e fomos para aquela de Godot. E o que nós esperamos? A felicidade, o bem-estar, a vida partilhada. E aí,

---

\* Referência à peça de teatro *Esperando Godot*, escrita pelo dramaturgo irlandês Samuel Beckett (1906-1989). Nela, os protagonistas esperam por um sujeito de nome Godot, cuja chegada é constantemente adiada. (N.E.)

nós não escutamos mais os sinais e ficamos imaginando "tu não vens, tu não vens".

**Rossandro** – É engraçado você falar da velocidade das coisas, pois a aceleração da vida moderna tem seu lugar. Em São Paulo, o conceito de *just in time* tem seu valor, especialmente no mundo corporativo. Contudo, ele não é tão bem-vindo quando o que buscamos é um momento de pausa, de apreciação.

Certa vez, vi um aviso em um restaurante: "A pressa é inimiga da refeição". Em seguida, outra placa dizia: "Aqui não há *wi-fi*. Conversem". Achei isso legal, porque era como se fosse um chamado para as pessoas: "Curtam o processo, sintam os cheiros que começam a vir enquanto o prato é elaborado, sintam o cheiro do prato que chegou antes do seu e que lhes angustia, sintam a agonia de estar em pé enquanto os outros estão sentados, porque em algum momento será a sua vez de sentar, será o seu prato que vai chegar".

Isso parecia um convite a uma vivência mais plena, uma exortação a sentir os aromas da comida sendo preparada, a ansiedade de esperar por um prato, a experiência coletiva da espera. A simples ação de sentir os aromas, de se permitir experimentar a ansiedade e a antecipação pelo que está por vir é uma prática profunda de estar presente.

Na Psicologia, reforçamos a importância do ato de viver o presente, pelos inúmeros benefícios para a saúde mental, já que reduz os níveis de estresse, ansiedade e depressão. Ao nos conectarmos mais profundamente com o momento presente, tendemos a cultivar uma apreciação mais profunda pela vida e pelos pequenos momentos que a compõem.

Mas não conseguimos mais fazer isso, a ponto de as pessoas saírem de casa e voltarem para conferir se a porta está mesmo fechada. Porque estamos no piloto automático, não conseguimos ter a consciência do que está sendo feito. Via muito isso no consultório. Ainda vejo hoje, na verdade. Digo que não atendo mais individualmente as pessoas, mas uma vez psicólogo, sempre psicólogo. Uma vez você filósofo... Não conseguimos não estar a serviço da humanidade a partir dessa lente pela qual resolvemos interpretar o mundo.

Tem muita gente que está presa ao passado, já não mais com saudade, mas com aquela sensação de angústia, de mágoa ou com uma melancolia muito profunda. E tem uma outra parte das pessoas muito presa ao futuro. É como se tivesse pouca gente vivendo o presente. Lembro que, quando estava cursando Psicologia – e muitas pessoas podem me julgar agora pelo que vou dizer, porque estamos na era dos cancelamentos, mas espero que elas não me tirem do contexto aqui –, um amigo me perguntou: "Rossandro, você já percebeu que quase 80% dos nossos colegas aqui não sabem nem o que estão fazendo? Isso não angustia você?". Eu disse: "Não, me deixa feliz, pois significa que tenho 80% menos concorrentes". (*Risos*)

A impressão que carrego é que, na essência, aqueles que buscam verdadeiramente seus objetivos enfrentam menos concorrência do que parece, dado que muitos estão presos em um passado nostálgico ou projetando-se em um futuro incerto. **C.S. Lewis**, autor das renomadas *Crônicas de Nárnia*, possui uma obra intitulada *Cartas de um diabo a seu aprendiz*. Na notável décima quinta carta, o diabo instrui sobre uma estratégia para enfraquecer a humanidade. Ele diz algo mais ou menos assim: "A chave está em desviar as pessoas do presente. Mantenha-as cativas do passado ou ansiosas pelo futuro. Priorize o futuro, pois o passado reserva o poder redentor da gratidão". Complementando tal perspectiva e retomando suas palavras, Cortella, há a valiosa sensação que se revela na saudade sincera.

Essa ausência de estar presente é mais uma das formas que fazem com que as pessoas não vivenciem a estação correta. Vivemos em uma era de distrações constantes, muitas vezes lamentando ou antecipando o que vem pela frente, sem desfrutar plenamente o momento atual. Há quem esteja na roda-gigante da vida lamentando cada mudança de posição, perdendo a oportunidade de apreciar a vista de todos os ângulos. Isso de não usufruir, de não perceber, de querer antecipar, de tornar o molho mais caro que o peixe, essa mistura toda, esse sarapatel de tempos e estações misturadas que as pessoas têm vivido hoje em dia não é tão saboroso. Aliás, amigo Cortella, você já teve coragem de comer buchada?

**Cortella** – Claro, buchada de bode com sarapatel! Apesar de ter certa dificuldade com proteína animal que não esteja grudada em osso, mas é uma questão de preferência alimentar. (*Risos*)

A noção visceral que isso traz é muito marcante. Sem *sarapatear* em excesso nessa questão, no passado, especialmente no mundo greco-romano e no mundo hebraico, a capacidade de exame das vísceras era exatamente a possibilidade de olharmos o futuro. O grande poder dos sacerdotes era a capacidade de buscar nas entranhas sinais daquilo que viria a acontecer, e fazer com que as pessoas aguardassem que as entranhas se manifestassem.

Durante muito tempo, utilizamos a imagem do coração como lugar daquilo que é bom, daquilo que é amoroso; o cérebro como algo mais árido, e as entranhas como lugar do desejo e, portanto, daquilo que tem que ser controlado, manietado. Haja vista que, quando olhamos para os sete pecados capitais, organizados no modo mais conhecido por **Tomás de Aquino**, a luxúria e a gula são muito marcadas por aquilo que é visceral. Até por conta desse modo marcado pela tecnologia como sendo hegemônica, acabamos tendo situações menos viscerais e, quando as temos, colocamos a nossa própria vida em perigo, porque queremos exagerar, hiperbolicamente, no consumo do álcool, do perigo, da balada, da viagem, do alimento, de modo que parece, claro, compensatório. Mas o visceral ainda está conosco.

Platão fala n'*A República* da alma tripartite: o raciocínio, a emoção e o prazer. Isso ainda nos assusta. Nós temos certo temor de que o nosso "bicho" venha à tona, de que nossa força instintiva se libere. É por isso que Freud, seu parceiro de atividade em algum momento, Rossandro, não na totalidade, mas em algumas coisas, dizia o quanto o sonho abre a porta do zoológico – essa frase é minha, não dele, mas a ideia é essa. Nós nos habituamos com o mal-estar na civilização. É mais ou menos como viver o tempo todo com labirintite. A pessoa se habitua a isso e seu modo de ser é um modo labiríntico.

**Rossandro** – Sua reflexão é instigante, e o tema da repressão do desejo, explorado por Freud em *O mal-estar da civilização*, continua sendo extremamente relevante.

Quando discutimos a dinâmica entre desejo e repressão, mergulhamos diretamente nos fundamentos de nossa civilização, algo que Freud meticulosamente explorou. Ele alegou que a cultura surge de um conflito fundamental entre nossos desejos instintivos e a necessidade da sociedade de reprimir esses impulsos. No cerne dessa tensão, encontra-se o eterno embate entre o desejo biológico e a retenção cultural, que modela tanto nossas práticas religiosas quanto nossa compreensão psicológica.

O desafio é como navegamos nesse equilíbrio. Em um extremo, a liberação total do desejo poderia nos levar de volta a um estado de barbárie, a um caos primitivo. No outro, uma repressão extrema nos sufocaria, esterilizando a criatividade e impedindo a sublimação – processo pelo qual transformamos impulsos não realizados em obras de arte, inovação e outros feitos culturais.

A imagem do vampiro e do zumbi que você, Cortella, mencionou anteriormente é emblemática. Ambos podem ser interpretados como metáforas da repressão e do desejo. A figura do zumbi, por exemplo, nos remete à nossa obsessão contemporânea com a tecnologia, com muitos de nós "zumbificados" por nossos dispositivos, desconectados da realidade circundante. E o vampiro, eternamente faminto e restrito em sua dieta, ecoa o desejo incessante e a repressão de sua natureza.

Em sua afirmação amplamente reconhecida no *Seminário XI*, **Lacan** declara: "O desejo do homem é o desejo do Outro". Isso significa que nosso desejo está intrinsecamente ligado à busca por reconhecimento desse "outro". Além disso, nosso desejo é moldado pelo que percebemos que o outro almeja, especialmente aquilo que lhe é ausente. Em termos simples, nosso desejo busca validação e reconhecimento.

Na era moderna das redes sociais, essa ideia é levada a um novo patamar. Não estamos apenas tentando atender ao que acreditamos ser o desejo do outro; estamos buscando corresponder ao que os algoritmos das plataformas definem como desejável. Esses algoritmos moldam e refletem desejos coletivos, transformando nossas escolhas mais íntimas em dados processáveis. Em vez de supor o que o outro deseja, somos agora guiados pelo que a tecnologia nos apresenta como desejável.

Assim, nos tornamos seres híbridos, interligados com a tecnologia. Não apenas a usamos, mas somos por ela moldados, com nossas essências sendo interligadas a *bits* de informação. Nossa identidade, em muitos aspectos, é cocriada nessa interseção entre desejo humano e lógica algorítmica.

Esses arquétipos se tornam ainda mais profundos quando observamos o cenário atual, em que a autenticidade é ofuscada por filtros digitais e representações idealizadas de nós mesmos. É como se, na era moderna, nos distanciássemos ainda mais da realidade de quem somos, perdendo o contato com nosso próprio reflexo. A trágica história de Narciso* poderia tomar um rumo ainda mais sombrio hoje: em vez de se perder no amor por sua própria imagem, talvez ele se afogasse em desespero ao confrontar sua verdadeira face, sem os filtros e maquiagens das redes sociais.

---

\* Personagem da mitologia grega que seria dotado de muita beleza. Ao ver seu rosto refletido nas águas de um lago, cai apaixonado. (N.E.)

## A vida sem filtros

**Cortella** – É preciso lembrar que existe uma diferença entre ilusão e mentira. Alguém que leva uma vida mentirosa tem consciência em relação a isso. Outra coisa é uma vida marcada pela ilusão, isto é, a ilusão entendida aí como uma forma de engano não proposital e que acaba produzindo um efeito benéfico. Essa ideia da ilusão como efeito benéfico é exatamente eu supor que está tudo em ordem, que as coisas vão bem e que essa é a vida que está dentro da minha percepção, da minha cabeça – um pouco aquilo que **Voltaire** traz em *Cândido*.* Por outro lado, uma vida mentirosa supõe que há certa consciência.

---

\* *Cândido, ou o otimismo* foi publicado pela primeira vez em 1759 e narra a história de um jovem que sofre uma sucessão de desgraças, sempre acreditando estar no melhor dos mundos. (N.E.)

Eu não tenho dúvida de que quem, no mundo digital, oferece apenas a beleza, o bem-estar, imagens daquilo que é a fruição exuberante da vida, que é, para usar um termo cartesiano, hiperbólico, exagerado, uma vida absolutamente festiva de modo contínuo, essa pessoa sabe que não é assim. Portanto, pode até administrar a droga como ilusória, em relação àquilo que é, para outras pessoas, mas não para ela. No entanto, procurarmos nas redes um mundo que alimente certa quimera, uma maneira enganosa mas, ao mesmo tempo, confortável de ter a nossa presença na vida, isso se assemelha um pouco com aquilo que é o teatro. A Claudia, com quem sou casado, e que atua no campo das artes e do teatro há décadas, diz que ele, o teatro, é a mentira combinada. Sabemos que aquilo que está acontecendo ali é uma representação. Quem está no palco simula que é verdade. E quem está assistindo simula que é verdade. Portanto, "o combinado não sai caro", como diz o antigo ditado. Essa mentira combinada não é cara. Mas há um outro modo de percepção, em que a combinação é feita para conseguir elevar-se a um patamar que não é sustentado.

Nós criamos esse modo quimérico de convivência tendo nisso uma combinação pelo bem-estar. Isto é, a pessoa apresenta algo que não é necessariamente daquele modo, e nós acolhemos aquilo, na condição de seguidores, como sendo a expressão da vida que ela tem e que gostaríamos de ter. É uma

*Matrix*\* que vivemos de maneira extremamente partilhada, consensual. E isso me lembra, Rossandro, o título do livro clássico de **Étienne de la Boétie**, *Discurso sobre a servidão voluntária*. Em relação às redes em si, há uma certa servidão voluntária. É um combinado em que fingimos que aquilo é verdade para a vida não doer.

**Rossandro** – Na Psicologia Social, é amplamente aceito que a personalidade de um indivíduo – sua essência – muitas vezes tem um peso menor do que o contexto no qual ele está inserido e as pessoas com quem se relaciona. **Lee Ross**, em *The person and the situation: Perspectives of Social Psychology*, destaca essa perspectiva ao afirmar que, embora haja traços de caráter consistentes que possam influenciar o comportamento moral ou imoral de uma pessoa, o ambiente e a companhia tendem a ter uma influência mais predominante.

Esse entendimento nos leva a refletir sobre a resistência humana em situações extremas, como no caso daqueles que se opuseram ao nazismo, mesmo quando muitos cederam à pressão do regime. Da mesma forma, na era digital, observamos algumas pessoas que resistem ao vórtice das redes sociais, mantendo um senso crítico em relação ao que é apresentado nelas. No entanto, pesquisas em Neurociência e Psicologia

---

\* Filme de 1999, dirigido por Lana e Lilly Wachowski, conta a história de um jovem programador que descobre estar preso na Matrix, um sistema artificial que manipula a mente das pessoas e cria a ilusão de um mundo real. (N.E.)

Cognitiva revelam que, após cerca de quatorze minutos navegando em uma *timeline*, nosso cérebro passa de uma produção de endorfina, que nos traz sensação de prazer, para a produção de cortisol, associado ao estresse. Esse efeito pode ser atribuído à avalanche de informações muitas vezes distorcidas ou editadas que as redes sociais apresentam.

    E, sabe, Cortella, você acertou em cheio ao afirmar que muitos estão plenamente cientes de que propagam inverdades. De influenciadores digitais a "religiosos", hoje, em muitos casos, ambos convergem para a mesma função. Prova disso é uma experiência reveladora que vivenciei em um voo de Manaus a Guarulhos. Eram três da manhã quando observei um influenciador renomado no campo da produtividade, sentado próximo a mim. De forma teatral, ele se preparou: ligou o computador, ajeitou a almofada do pescoço, refrescou o rosto e, em seguida, iniciou uma gravação. Proclamou: "São três da manhã e aqui estou eu, trabalhando no voo para Guarulhos enquanto todos dormem. Se deseja sucesso, siga meu exemplo". Ao concluir, desligou tudo e se acomodou para dormir. Fico imaginando o impacto desse tipo de postagem em alguém exausto, por exemplo, uma mãe que passou a noite em claro cuidando de um filho doente e que acordou cedo para um compromisso importante. Ao se deparar com tal "realidade" projetada, é inevitável que muitos se sintam desamparados e frustrados, alimentando ainda mais sentimentos de angústia.

A canção "*Friday, I'm in love*",* ilustra, em certo sentido, nossa propensão a valorizar e ansiar apenas por momentos felizes e desprezar os períodos difíceis. A letra sugere que segunda, terça, quarta e quinta são dias meramente toleráveis, enquanto a sexta-feira brilha como o ápice da semana. É como se todos os outros dias fossem estações monótonas, mas a sexta emerge como o vibrante verão da vida. Por isso, "*It's friday, I'm in love*" – é nesse dia que o coração se inflama de paixão.

Byung-Chul Han aborda essa questão da perspectiva da "tirania da visibilidade". Segundo ele, vivemos sob uma pressão constante para nos mostrarmos em uma luz perpetuamente positiva. Esse excesso de foco no visual, naquilo que é apresentado, pode resultar na negligência de outros aspectos e sentidos. Han sugere que, ao darmos ênfase excessiva a uma única estação, como o verão, podemos estar esquecendo e desvalorizando as lições e experiências proporcionadas por outras, como o inverno.

Precisamos reconhecer que, como seres humanos, todos enfrentamos adversidades e desafios, nossos "invernos" pessoais. Quando a sociedade promove essa cultura de negar o sofrimento, como no adágio "engula o choro, já passou", estamos progressivamente sendo conduzidos a um silêncio introspectivo, um espaço onde nossas verdadeiras emoções são suprimidas e não encontram voz, e aí não há nem inverno nem

---

\* Música da banda britânica The Cure. (N.E.)

verão, apenas deserto. No entanto, a narrativa frequentemente projetada pelas redes sociais e por certa cultura contemporânea parece sugerir um eterno verão, um contínuo estado de felicidade e realização. Esse paradoxo é precisamente o que a Psicologia Social salienta: nosso contexto e as influências externas frequentemente moldam e influenciam nossa percepção de nós mesmos e do mundo ao nosso redor.

**Cortella** – É interessante porque o inverno, como estação, é menos marcante para quem está no hemisfério sul do planeta, claro. Mas, ainda assim, ele tem uma simbologia na literatura, na arte e na religião como sendo o lugar do recolhimento, da proximidade. Eu me lembro de o quanto a ideia de inverno em si passa também uma percepção do afeto que pode ser próximo à medida que, não havendo aquela exuberância que o verão produz com o sol, com a vontade de sair, com tudo aquilo que é o lado de fora, traz um pouco a consciência do lado de dentro. Ou seja, de estarmos um pouco mais próximos das outras pessoas. Mas nós não temos tanto essa clareza.

No Brasil, por muito tempo discutiu-se que nossa população era pouco voltada à leitura porque não tínhamos um inverno rigoroso. Eu cresci ouvindo isso como sendo uma explicação, embora tenhamos como fatos concretos a má distribuição de renda e o analfabetismo funcional. Ainda assim, dizia-se que nós não tínhamos um país de letrados porque, por conta da quase não presença do inverno, queríamos estar sempre do lado de fora. E o inverno nos levaria a ficar parados, lendo. Evidentemente que essa é uma argumentação anterior à televisão, à internet, ao mundo digital. Mas ela coloca um valor que eu acho que não devemos perder em relação ao recolhimento. Seja mesmo como estação do ano, seja como símbolo, há momentos invernais que não são momentos *infernais*. Isto é, o inverno como percepção de algum recolhimento, de um voltar-se um pouco mais para dentro, ele não é negativo à medida que favorece o autoconhecimento, a reflexão. No verão, existe a ideia do espaço aberto, de que precisamos viver em voz alta, trazendo algo que **Guimarães Rosa** dizia.

**Seja mesmo como estação do ano, seja como símbolo, há momentos invernais que não são momentos *infernais*. Isto é, o inverno como percepção de algum recolhimento, de um voltar-se um pouco mais para dentro, ele não é negativo à medida que favorece o autoconhecimento, a reflexão.**

    A noção de uma certa quietude, de um movimento que a gente vá se trazendo para dentro, próximo da alma, me fez lembrar de uma tirinha maravilhosa da Mafalda, do saudoso **Quino**. Há um momento em que todas as crianças estão na sala, falando, cada uma fazendo uma coisa, e uma delas, o Guille, grita bem alto: "Não!". Todos ficam em silêncio e se viram para ele, que diz: "Eu só queria ficar um pouco em silêncio comigo". A percepção do inverno pode favorecer essa ideia do silenciar. O inverno como recolhimento meditativo, favorecido pelo lado externo, é diferente do isolamento que leva à agonia, à angústia, que é um outro modo de inverno e que não deve ser confundido. A noção invernal, repito, não pode ser a noção infernal. Inclusive porque a noção de inferno é muito mais próxima, na tradição semita, do verão inclemente. Aliás, um povo que vivia no deserto só podia ter como castigo eterno estar em um lugar que fosse quente para sempre. Portanto, um verão sem fim. Esse verão sem fim seria, sem dúvida, infernal se imaginarmos o quanto que o outro lado, que é o lado de estar mais dentro – não de um casulo, mas de uma não abertura contínua para o fora de si –, deixa a gente dentro da gente.

**Rossandro** – Cortella, recordo-me de quando, por volta dos meus 18 anos, iniciei um programa de rádio com temática *new age* em minha cidade. As melodias de artistas como Enya, Loreena McKennitt, Rick Wakeman e Kitaro embalavam o programa. Na expectativa pelo *feedback* dos ouvintes, fui surpreendido pelas primeiras ligações: questionavam quem havia falecido, associando erroneamente a tranquilidade das músicas à atmosfera fúnebre. Ficou claro para mim o quão arraigada estava a ideia de que serenidade e introspecção, de alguma forma, remetiam à morte.

Essa reflexão me leva a uma apresentação de um laureado com o Nobel de Literatura em João Pessoa, cidade conhecida por ser o primeiro ponto do continente americano onde se vê o sol nascer. Durante sua fala, o escritor mencionou a percepção limitada de que regiões com invernos rigorosos, devido à introspecção induzida pelo isolamento e pela neve, seriam ambientes mais propícios à escrita e à leitura. Embora o clima possa influenciar o comportamento humano, é um equívoco acreditar que somente os climas frios conduzem à introspecção literária.

Acreditar que apenas sob o manto da neve as pessoas se voltam à literatura é subestimar a riqueza e a diversidade das culturas ao redor do mundo. A introspecção, o desejo de aprender e de expressar-se por meio das palavras não está atrelado a um termômetro, mas sim ao espírito humano. Independentemente do clima, cada região tem sua forma única de se conectar, ler, escrever e interpretar o mundo.

**Cortella** – Sim, claro.

**Rossandro** – Ele refletiu: "Em minha cidade, a neve se acumula em três metros de altura. Ou me dedico à escrita ou sucumbo à solidão. Já vocês, com tanto calor e vida ao redor, por que sentiriam necessidade de escrever?". Essa percepção sugere que somente na amargura do inverno encontramos a motivação para escrever. Mas devemos nos questionar sobre a amplitude dessas perspectivas.

Frequentemente, os momentos mais desafiadores – os "invernos da alma" – proporcionam as maiores lições. Há um valor pedagógico na dor, e muitas vezes enfrentamos resistência ao falar sobre isso. Se a dor é inevitável, por que não aprender com ela, evitando reviver os mesmos sofrimentos? Como você, Cortella, já mencionou, devemos compartilhar nossos "invernos" para que outros não tenham que passar pelo mesmo. E, por outro lado, precisamos ouvir e respeitar as experiências daqueles que já enfrentaram tempestades que desconhecemos, como nossos pais, nossos avós.

Com isso, aprenderemos a não julgar as quedas das outras pessoas e a não atirar a primeira pedra, porque, muitas vezes, os invernos dos outros são uma espécie de presságio sobre os invernos que um dia também se abaterão sobre nossa vida.

Isso nos leva a uma reflexão maior sobre a empatia. Não devemos julgar precipitadamente os desafios dos outros, pois nunca sabemos quando poderemos encontrar circunstâncias semelhantes.

Quando olhamos o inverno de alguém, no momento em que estamos em uma espécie de verão da vida, parece que nunca passaremos por aquilo. Esse tipo de entendimento muitas vezes simplifica a complexidade da situação, desconsiderando circunstâncias externas, como um relacionamento tumultuado ou o luto. Também pode ignorar a natureza neuroquímica de uma depressão endógena, na qual, mesmo sob um céu ensolarado, a pessoa não consegue enxergar a luz, pois sua percepção da realidade está turva. Quando estamos em um período de plenitude, é fácil menosprezar as lutas alheias, sugerindo soluções simplistas para problemas complexos, como depressões de diversas origens.

Ao contrário das aves que migram evitando o frio, não podemos fugir das estações da vida. Cada fase nos oferece oportunidades de crescimento. Cortella, sua lembrança da tirinha da Mafalda é pertinente. Vivemos em um mundo que constantemente nos distrai de nós mesmos, promovendo uma exteriorização persistente, como se a vida fosse eterno verão, negando a existência do inverno emocional.

Especialmente nós, homens, crescemos sendo ensinados a suprimir nossas vulnerabilidades. Por consequência, muitos têm dificuldade em expressar e nomear suas emoções. Em uma era dominada pelas redes sociais, muitos projetam uma eterna estação de felicidade, evitando mostrar os momentos sombrios da existência. Mas quando enfrentam o inverno inescapável da vida, muitos se sentem despreparados para lidar com ele. Quando o inverno vem,

> **Vivemos em um mundo que constantemente nos distrai de nós mesmos, promovendo uma exteriorização persistente, como se a vida fosse eterno verão, negando a existência do inverno emocional.**

porque ele é inevitável, uma condição inexorável da vida, as pessoas não têm condições de nomear a dor que sentem. Afinal, nos acostumamos a postar apenas fotos das férias e de vitórias, não compartilhamos fotos de velórios, do diagnóstico de um câncer.

Algumas pessoas vão se cortar, outras vão pensar em desistir da própria vida, porque a dor é maior do que elas podem dar conta, uma vez que os pais nunca quiseram que os filhos vivessem invernos, tudo tinha que ser verão.

Se continuarmos a ignorar ou a minimizar esses invernos emocionais, corremos o risco de sermos dominados por eles. A educação, inclusive, não deve se tornar apenas uma celebração do sol. Tornar tudo "lúdico" pode nos afastar da realidade dos desafios, como você apontou.

**Cortella** – "Minha terra tem palmeiras onde canta o sabiá, seno a, cosseno b, seno b, cosseno a." (*Risos*)

O bom de tudo isso é que nós temos simbolicamente a noção do inverno também como algo romântico, isto é, que favorece a possibilidade da proximidade. Durante milhões de anos, tivemos presença em locais onde tínhamos que nos abrigar. Um deles, claro, era a caverna. E a caverna em torno de um fogo que nos aquecesse e permitisse a cocção dos alimentos. De certa maneira, uma das imagens mais fortes do inverno para nós, que não temos um inverno rigoroso em nosso país, é sentar com uma coberta diante de uma lareira, tomando um vinhozinho ou algum tipo de grogue, como dizem os lusitanos, curtindo o crepitar do fogo... Eu gosto demais dessa ideia porque ela passa a noção de intimidade.

O verão, como comemoração, é muito pouco íntimo. Afinal, a nossa ideia em países tropicais é sair para a multidão. Vamos ao parque, vamos à praia, vamos ao campo... Nada disso é íntimo, é sempre vivido em cardume. Já o inverno não sugere tanto isso. Por isso, gosto quando você lembra, Rossandro, a percepção de uma depressão que caminha por questões internas, que são endógenas, oriundas de algum tipo de distúrbio neuroquímico gerado na natureza da própria pessoa, e de outra que vem pelo fato de não se ter nada que não seja o cardume. Porque a intimidade, apesar de **Jânio Quadros** ter dito que ela gera aborrecimento e filhos, ainda assim, faz com que a gente sinta uma humanidade um pouco mais forte. Veja, não estou falando da intimidade entre duas pessoas. Falo do íntimo no sentido do mais próximo, fora da "multitude" – para usar um termo que Agostinho usava muito –, fora da multidão. É a ideia de termos uma proximidade maior, uma sintonia mais forte. A noção mais nítida disso, para mim, é familiar. Não é a família apenas de laço de sangue, oriunda daquilo que é biológico, mas como uma comunidade afetiva de cuidado recíproco. Em larga escala, a nossa esperança em relação à humanidade é que possamos, de fato, ter essa vivência. No entanto, como já dissemos, temos dificuldade em perceber que as pessoas passam por invernos rigorosos, e nem sempre aprendemos com o que outros já vivenciaram. Não há possibilidade de transferir vivência, mas de informar experiência, para que seja meditada, pensada, para que tenha um componente pedagógico. Você sabe, melhor do que eu, que a expressão "eu, no seu lugar" não tem eficácia nenhuma. Porque eu não estou no seu lugar. Mas estar ao lado, e não no lugar de alguém, no sentido de algo que a gente partilha, como experiências coletivas e vivências individuais, acho que é decisivo para que a empatia possa eclodir. **Terêncio**, o grande pensador do mundo latino do século II a.C., dizia que "nada do que é humano me é estranho" – lema esse que era o predileto de **Karl Marx**. Portanto, não se trata apenas da vivência do meu inverno, mas da relação empática com o inverno alheio, de maneira que essa percepção de humanidade, como sendo uma comunidade de existência, não se ausente.

Uma das coisas que fazem com que, muitas vezes, o mundo digital seja inclemente é que ele não passa a noção de comunidade, mas sim de agrupamento. Pessoas juntas podem ser uma comunidade ou um agrupamento. Por exemplo, uma comunidade é um grupo de pessoas que tem convivência, tem mecanismos de proteção recíproca, forças de autocuidado. Já um agrupamento é uma porção de pessoas. Um ônibus, um metrô lotado é um agrupamento, não uma comunidade. Ora, o mundo digital, em larga escala, sugere ser uma comunidade, mas ele é um agrupamento, dado que não há ali nada a não ser seguir outra pessoa. Eu tenho hoje, somando todas as minhas redes, vinte milhões de seguidores. Não posso dizer que somos uma comunidade de vida e de conhecimento, do contrário nem se usaria o termo "seguidor". Porque o conceito de seguidor tem como ponto de partida a ideia de que há um modo guru de ser em que eu exibo, exponho o ensino, e as pessoas vão atrás de mim. Tem um filme, chamado *A vida de Brian*,* do Monty Python,** que lida com essa percepção de maneira genial. Há um determinado momento em que o protagonista diz que ele não é o salvador, não é o Messias. As pessoas se aglomeram para vê-lo e ele começa a gritar: "Eu não quero ser seguido!". E aí todos juntos gritam: "Ele não quer ser seguido!". "Eu não quero que vocês fiquem aqui!" "Ele não quer que a gente fique aqui!" Portanto, temos que tomar cuidado para não sermos enganados pela percepção de comunidade, nem de seguidor nem de empatia. Não é que seja um inverno falso, mas é um inverno mais inclemente.

**Rossandro** – É curioso observar que, em momentos mais sombrios e desafiadores da vida, muitas pessoas se encontram em busca de um guia, um mentor, uma figura messiânica. Parece que há uma tendência inerente em nós de buscar fora o que, em última análise, está profundamente enraizado dentro. O desejo de terceirizar nossa trajetória espiritual e evolutiva é

---

\*   Filme de 1979. (N.E.)
\*\*  Grupo de comédia britânico. (N.E.)

tentador, mas é precisamente nas "estações invernais" de nossa existência que a verdadeira direção se revela.

Albert Camus certa vez escreveu: "No meio do inverno, aprendi finalmente que havia em mim um verão invencível". Essa perspectiva ecoa a ideia de que as respostas mais profundas surgem em momentos de introspecção e contemplação. Em um mundo tão acelerado, encontrar refúgio em uma lareira crepitante, ou em uma xícara quente de café, é mais do que apenas calor físico; é um retorno à nossa essência, à nossa humanidade.

A sensação de entrar em uma sala aquecida em um dia gelado não se compara a nenhum conforto moderno. O ar-condicionado pode aliviar o calor, mas o calor de um ambiente protegido do frio aquece a alma. É um convite ao aconchego, à conversa e à introspecção. Cada chocolate quente, ou chá com biscoitos, em meio a conversas nos lembra de histórias que devemos ouvir e nos convida a compartilhar as nossas.

Lembro-me de minha juventude, quando ainda estava nos primeiros estágios de minha jornada como terapeuta, de desejos inocentes de poder entrar na mente de meus pacientes. Imaginava-me ajudando-os diretamente, enfrentando seus desafios por eles. Mas, com o tempo, percebi que a verdadeira cura e compreensão só podem vir da experiência e reflexão pessoais.

No processo de compreender a empatia, de realmente se colocar no lugar do outro, recordo-me dos meus primeiros atendimentos. Naquela época, ainda verde em minha experiência, imaginava como seria se eu pudesse mergulhar na mente das pessoas. Sonhava com a ideia de ir à casa delas, confrontar o marido tóxico ou estabelecer limites para o filho narcisista. E se eu fosse capaz dessa extraordinária troca de almas, mesmo que temporária, será que poderia efetuar alguma mudança significativa?

Entretanto, logo percebi que, ao adentrar o universo de alguém, seria inevitável absorver todas as suas dores, temores e angústias. E essa sobrecarga, possivelmente, me paralisaria, assim como fazia com meus pacientes. A verdadeira empatia não se trata de uma fantasia pueril na qual ocupamos o espaço do outro, assumindo suas responsabilidades. Mesmo que tal façanha fosse possível, ao final da experiência, quando cada um retomasse seu respectivo lugar, o indivíduo ainda estaria atrelado às adversidades que sua vida lhe impõe, possivelmente recaindo nos padrões habituais.

Assim como Camus descobriu seu "verão invencível", cada um de nós deve embarcar em sua própria jornada de descoberta e autocompreensão. E, talvez, uma lareira aconchegante e uma conversa significativa sejam as chaves para encontrar essa direção interior que todos nós buscamos.

## Olhar para dentro

**Rossandro** – Um ponto que me chama atenção é que, claro, o inverno no hemisfério norte é muito mais marcado. O clima no Paraná, no Sul de modo geral, é diferente do que temos na Paraíba, no Nordeste.

Quando falamos de clima e de suas manifestações nos diversos cantos deste país, é importante entender a subjetividade com que cada região vivencia seus ciclos. Como você bem colocou, Cortella, há uma diferença marcante entre os invernos rigorosos do hemisfério norte e a complexa tapeçaria climática brasileira. O Paraná, no Sul, experimenta invernos de características distintas daquelas dos dias luminosos da Paraíba, no Nordeste. (Uma digressão aqui para lembrar do dia em que você me disse, Cortella, que nós somos palestrantes VIPs, você vindo do interior do Paraná e eu, do interior da

Paraíba! E, embora ambos sejamos palestrantes VIPs, com raízes fincadas em terras tão distintas, nossa conexão com esses climas moldou profundamente nossas perspectivas.)

No Sul, o inverno frio e chuvoso é recebido como um prenúncio da esperada estação quente. Em contraste, no Nordeste, o calor não é apenas uma marcação temporal, mas muitas vezes um sinal de adversidade, com exceção do litoral nordestino, onde o sol brilhante se transforma em sinônimo de turismo e descontração. No sertão, no entanto, é quase como se cada raiar do sol trouxesse consigo o peso da seca, do sofrimento. A canção "Último pau-de-arara", interpretada pelo saudoso **Luiz Gonzaga** e composta por **José Guimarães**, captura essa angústia: "A vida aqui só é ruim quando não chove no chão". O solo, ressequido, perde sua capacidade de sustentar a vida, lembrando-me das memórias da minha juventude, quando via notícias de ônibus da Itapemirim repletos de nordestinos em busca de refúgio das inclemências da seca.

Esses êxodos, embora menos frequentes hoje devido a diversas proteções sociais, eram um fenômeno recorrente em tempos passados. A aspereza do verão nordestino é tão devastadora que parece sugar o ânimo e a esperança, impedindo a celebração da própria existência. A música nos recorda, porém, da profunda ligação do sertanejo com sua terra: "Quem sai da terra natal em outros cantos não para". Assim, o que pode ser acolhido como alívio para um sulista pode representar, para nós, nordestinos, um clamor por alívio, por um breve respiro de frescor.

E é impossível não evocar a obra-prima de Guimarães Rosa *Grande sertão: Veredas*, que mergulha profundamente nas contradições e belezas do sertão. Da mesma forma que Riobaldo se questiona sobre o bem e o mal, a terra nordestina também nos questiona sobre a dicotomia entre a abundância e a escassez, entre o fervor do verão e a suavidade do inverno. Em seu romance, o autor escreve: "O sertão está em toda parte". E talvez esteja mesmo, não apenas na geografia, mas nas dualidades que enfrentamos diariamente, nas esperanças e nos desafios que a natureza nos apresenta.

**Cortella** – Acho que o desejo, Rossandro, é do clima ameno. Ameno não é nem o calor exaustivo e exauriente, nem o inverno inclemente. Nós temos algumas áreas dentro do nosso país onde existe essa possibilidade. No mundo também. Houve um tempo em que se falava o quanto a geografia determinava o comportamento humano, o quanto ela fazia com que as pessoas seguissem determinado padrão. Por exemplo, é diferente ser formado em uma região onde, durante um período do ano, é necessário recolher os animais, colocá-los todos dentro do estábulo para eles não perecerem na neve, guardar os alimentos, portanto, lidar com os embutidos, fazer algo que é muito comum no Sul, trazido da Europa, que é a compota. A geografia tem uma influência, mas não uma determinação.

Eu não quero descartar, em relação aos invernos e aos verões da vida, o quanto que há, sim, um peso dessas circunstâncias das convivências do lugar onde nós estamos, como você lembrava há pouco. Ou seja, o lugar de onde venho não é só o lugar da minha raiz. Também pode sê-lo. Mas ele é um lugar que me molda no ponto de partida e faz com que a minha relação com as intempéries possa ser um caminho ou outro. Nós não temos tanta percepção, dentro do nosso país, daquilo que são alguns fenômenos, como os terremotos, os furacões... Quando nós temos algum evento da natureza que é exagerado em relação ao nosso hábito, até entendemos aquilo como sendo parte de um castigo divino, porque está fora da nossa convivência no dia a dia. Mas, pegando o fato de você ter vindo da Paraíba e eu, do Paraná, nós temos, sim, um modo de olhar o lugar, a partilha, a presença que é muito diferente. Quem vive no Sul gosta de passar férias no Nordeste – e isso não necessariamente durante o inverno, mas no verão. Inclusive porque, ao contrário do que imaginam algumas pessoas, o calor em Porto Alegre,

> **A abertura para a percepção do diferente, como não sendo exclusivamente exótico, é um passo para aquilo que chamávamos de acolhimento da empatia. Porque a empatia diminui o sofrimento.**

por exemplo, é muito maior do que o calor em João Pessoa, ou o calor em Fortaleza, ou em Recife no verão. Quando alguém, em João Pessoa ou em Natal, reclama para mim do calor, eu falo: "Calor é em Porto Alegre, você não faz ideia". Por quê? Porque não venta. No Nordeste, tem brisa. E por que estou dizendo isso? Porque a minha vivência não transferível, como eu lembrava há pouco, pode ser contada como experiência: "Calor é em Porto Alegre. Clima perturbado é em Curitiba, onde se têm as quatro estações do ano no mesmo dia". Tudo isso causa certa estranheza ao outro porque, não sendo a sua vivência, ela acaba se tornando exótica. E o exótico, em muitas situações, afasta a ideia de comunidade.

A abertura para a percepção do diferente, como não sendo exclusivamente exótico, é um passo para aquilo que chamávamos de acolhimento da empatia. Porque a empatia diminui o sofrimento. O fato de não nos sentirmos isolados, e portanto largados, favorece muito a possibilidade de atravessarmos os momentos que são mais complexos. Quando, por exemplo, no Sul ou no Sudeste, as pessoas dizem: "Lá na Paraíba, lá no Piauí...", é como se fizessem um descolamento dessa percepção indicando o exótico. Por isso, volto a Terêncio: "Nada do que é humano me é estranho" – significa que temos mais a aprender quando nos abrimos para isso, para olhar os outros modos de inverno, de maneira, inclusive, que possamos entender o que são outros modos de pessoas. Podemos dizer que seres humanos fervemos em temperaturas diferentes! (*Risos*)

Essa ideia marca bastante esse caminho para construirmos, edificarmos a empatia como sendo uma abertura ao outro, e não um fechamento dentro da própria realidade, o que é idiossincrático. **Millôr Fernandes** dizia que não há como tratar a idiossincrasia porque não existe especialista na área. Não há como tratar um idiossincrático dada a impossibilidade de "encontrar um especialista em mim, do meu modo, na minha forma de ser". Mas o estilhaçamento da idiossincrasia é uma maneira de reduzir o infernal do invernal.

**Rossandro** – Você sabe que um dos maiores frios que eu passei na vida foi em Teresina. Como lá é muito quente, os aparelhos de ar-condicionado são bem potentes. Fui fazer uma palestra usando uma camisa de manga curta e, quando cheguei ao local, penei de frio! Agora sempre tenho um casaco na mochila para emergências.

Por outro lado, ao palestrar em Gramado, uma cidade conhecida por seu clima frio, fui surpreendido pela pergunta: "O que você, originário da ensolarada Paraíba, faz aqui?". O que eles não perceberam é que as temperaturas que lhes eram tão habituais, para mim representavam um desafio, mas também um desejo – assim como eles desejam as praias e as temperaturas quentes do Nordeste.

Isso me faz refletir sobre a natureza relativa das experiências. Na condição de turistas, escolhemos e nos preparamos para as estações que visitamos, mas os habitantes locais precisam viver cada extremidade, quer estejam preparados ou não. De maneira similar, quando tentamos nos colocar no lugar do outro, jamais conseguiremos abraçar toda a profundidade e singularidade de suas experiências. Podemos, no máximo, caminhar ao seu lado, tentando entender e apoiar.

O clima, assim como as experiências da vida, nos é imposto. Muitas vezes, sem aviso prévio. Faz-me lembrar de uma canção interpretada pela inigualável **Elis Regina**, que diz: "Mas é você que ama o passado e que não vê que o novo sempre vem".* De fato, é um lembrete de que tudo é passageiro. Ou é você que ama o verão e que não vê que o inverno sempre vem. Ou é você que ama a foto *fake* e que não vê que a velhice sempre vem... Assim como as estações que vêm e vão, as experiências, sejam elas boas ou ruins, também passarão.

**Cortella** – Aliás, **Belchior**, o autor dessa música, cearense de Sobral, uma das cidades mais quentes do país, ficaria espantado se eu tivesse dito a ele que um dos maiores frios que passei foi exatamente na Serra de Guaramiranga, distante pouco mais de 200 quilômetros de seu lugar de nascimento...

**Rossandro** – Ah, Cortella, é curioso perceber como em nosso país tropical o frio tem sua aura *glamourizada*, não é? Ao pensar na região do brejo paraibano, que goza de um clima mais ameno, é quase um convite turístico àqueles que buscam

---

\* Letra da música "Como nossos pais". (N.E.)

um resfriamento da rotina típica brasileira. Essa *glamourização* se estende de maneira que, durante as festas natalinas, casas são adornadas com pinheiros – ainda que plásticos – e luzes cintilantes, em uma clara representação de um Natal branco, típico de regiões onde a neve marca presença.

Essa estética "gelada", poderíamos dizer, é fruto de uma dominação cultural advinda, em grande parte, das sociedades mais afluentes do hemisfério norte. Os Estados Unidos, por exemplo, têm habilmente utilizado sua indústria cinematográfica como um meio poderoso de *soft power*, moldando e influenciando a maneira como muitos de nós percebem o mundo. É notável como uma figura semita, como Jesus Cristo, foi por muito tempo, e em muitas representações, retratado como um homem de pele clara e olhos azuis.

Ao construir essa imagem, passa-se a ideia de que o frio e, sobretudo, a neve estão intrinsecamente ligados à sofisticação, tanto estética quanto cultural. Essa narrativa, ao mesmo tempo que romântica, é infundada e permeada por uma série de preconceitos. Pintam uma imagem na qual a sofisticação é um privilégio daqueles que habitam terras gélidas.

No entanto, há uma diferença marcante entre admirar e viver. O inverno nevado é encantador aos olhos de quem observa através de janelas aquecidas ou das telas do cinema, mas traz consigo uma realidade que pode ser áspera para aqueles que a enfrentam diariamente. E quando nos referimos ao "inverno da alma", a estação mais fria e desafiadora de nossa vida interna, a beleza dá lugar ao desafio de perseverar. Como você bem observou, Cortella, os extremos – sejam eles abrasadores ou gélidos – têm sua beleza, mas também demandam nossa resistência e adaptabilidade.

**Cortella** – Quando vivemos em voz alta, voltando a Guimarães Rosa, não precisamos que aquilo tenha nenhum tipo de retorno. Quer dizer, não há eco, em princípio, exceto próximo à montanha, onde ele surge quando nada há. A voz alta permite que eu não precise ter nenhum tipo de aproximação eventual comigo mesmo.

Algo que nem sempre se imagina é que nós temos, hoje, uma dificuldade cada vez maior de exposição do nosso corpo em função do patrulhamento que existe. Uma coisa que quem vive nas áreas mais frias tem como facilidade é não precisar expor tanto o corpo nas situações sociais. Por exemplo, no Nordeste, para pegarmos especialmente a área onde há as grandes praias nossas, nós nos encontramos em locais públicos, saímos com outras pessoas para comer, brincar, nadar, tomar sol, e precisamos expor o nosso corpo com menos roupa. Isto é, para isso, espera-se que o corpo esteja em forma. Mas em forma de quê? Daquilo que é o padrão desejado que, em larga escala, é o que aparece no mundo digital. É mais fácil, em uma cidade como São Paulo, sair para encontrar pessoas, pois vamos "encapados". Saímos sem a preocupação de mostrar imperfeições, de mostrar coisas que estão sobrando ou não.

A roupa é uma credencial do ponto de chegada. Já em uma área onde o verão é forte, chamativo e sedutor, estando de maiô ou de sunga, só se saberá um pouco mais sobre a pessoa após alguma conversa, pois as vestimentas mais escassas, ou até mais simples, não dão tantas dicas sobre o *status* social ou profissional. Em um dos quadrinhos mais divertidos da Mafalda, Quino está em uma praia com um outro senhor, os dois com o mesmo calção. Portanto, eles estão idênticos. Quino pergunta: "Você faz o quê?". O outro responde: "Eu sou médico", e então sobe em um pedestal. Quino, que trabalha em um escritório, fica pequenininho. Por que estou dizendo isso? Porque a multidão é vantajosa especialmente quando não precisamos nos mostrar. Há uma proteção muito grande na multidão.

Temos dificuldade, no dia a dia, de nos mostrarmos, mais ainda em um país tropical, em que o verão da vida tem essa simulação da alegria contínua, da curtição, do menino do Rio, da marca do biquíni... Tudo dá a noção da festa, como eu lembrava antes, da festa contínua. Mas há um risco: é preciso estar dentro do padrão. E esse padrão é mais favorecido para ser simulado quando não se está "encasacado". É uma delícia andar por algumas cidades brasileiras, em que está todo mundo de casaco, bota, boina... É uma estética que disfarça o conteúdo. Na estética nazista, dos casacos longos, das botas longas, das armas cheias de insígnias, os corpos nus que vemos são das pessoas torturadas nos campos de concentração. Os corpos nus são os que estão nas pilhas de cadáveres. A exposição da nudez, a pornografia da vida e, portanto, da maldade, vem com o torturado, com o aprisionado. Porque o torturador, aquele que se mostra, está absolutamente idêntico ao outro. É o mesmo uniforme, a mesma marcha, a mesma indistinção... É claro que, quando vemos *Matrix*, que já mencionamos também, nos atraem imensamente os casacos longos. Esses casacos longos é que fazem com que o bem se apresente. No primeiro filme da série, o bem está de casaco longo, preto. É bonito, a gente gosta daquilo. E o mal está de terno, gravata, burocrata. Portanto, essa ideia de um modo em que aquilo que é o sofrimento alheio apresenta uma marca pornográfica dependerá da estética que se usa.

Nós temos a ideia do retirante com a roupa em farrapos, dos grandes quadros de **Tarsila do Amaral** e **Di Cavalcanti**, mas não nu. Essa nudez, que pareceria uma marca da beleza nos momentos do verão belíssimo, em outro campo, é exatamente a desproteção. O nosso símbolo do inverno sem alternativa é o corpo com pouca roupa que treme. Por isso, há beleza em poder se exibir em largos casacos que, em tese, são só – e agora eu chego ao ponto – uma casca. Quando se vai descascando, naquele modo "cebolal" do inverno em que se vai retirando as várias camadas de roupa, o que fica? Nesse sentido, o verão expõe mais. Ele dá mais essa percepção. O inverno pode permitir o falseamento da exposição pública, mas porque não nos encontramos tanto, exceto no íntimo.

A intimidade tem uma desvantagem adicional que é a de ter que se mostrar. Na intimidade, não dá pra ficar quieto. É uma delícia o bloco de Carnaval e tudo aquilo que nos faz pular e não precisar conversar. Porque, quando temos que conversar, nós nos mostramos. E aí, ao fazermos isso, não somos tão felizes, tão exuberantes e tão festivos. É aquela última fase de uma noitada tomando uma cerveja, uma cachaça, um vinho, que, começando na exaltação da amizade, termina na declaração sobre a agonia do mundo: "Ninguém me ama, ninguém me quer, ninguém me chama de **Baudelaire**", como escreveu, brincando, **Antônio Maria**.

**Rossandro** – É engraçado que isso me fez pensar no próprio mundo digital, já que lá a busca pela perfeição estética tornou-se uma obsessão anda maior. É como se, em meio à edição meticulosa de fotografias, estivéssemos, na verdade, tentando editar a própria realidade. Já aconteceu de algumas celebridades, ao tentarem ajustar a cintura no Photoshop, deformarem as imagens ao fundo, revelando a manipulação. Tal atitude nos faz lembrar das distorções que criamos, muitas vezes inconscientemente, para nos adequarmos a padrões estabelecidos, estéticos, morais ou atitudinais.

Essa lembrança do mundo digital me traz à mente a canção "A luz de Tieta", de Caetano, na qual ele diz: "Todo dia é o mesmo dia / a vida é tão tacanha / Nada novo sob o sol / (...) / Nessa terra a dor é grande / a ambição pequena /

Carnaval e futebol / (...) / Todo mundo quer saber com quem você se deita / Nada pode prosperar". Ele pintou a tela de um Brasil onde a vida é tacanha, ofuscada pelo festejar constante, pela obsessão por escrutinar a intimidade alheia. Um lugar onde o brilho exterior eclipsa o desenvolvimento do interior, criando uma dinâmica que encoraja a busca incessante pelo reconhecimento baseado apenas na aparência.

Byung-Chul Han fala da supervalorização do visível, do que é imediatamente percebido, em detrimento do invisível que clama dentro de cada um. A beleza, de certa forma, torna-se uma moeda, uma maldição para muitos, já que, não raro, esse corpo tão bonito constrói-se às custas de uma alma que se deixa triturar para poder alcançá-lo. O filme *O espelho tem duas faces*,* com Barbra Streisand, ilustra essa dualidade: de um lado, a personagem principal anseia por ser reconhecida já que não possui a beleza da irmã, mas, de outro, sua irmã bela luta contra as expectativas constantes associadas à sua aparência.

A irmã, com uma percepção aguda e sincera, confidencia: "Minha irmã, a maldição da beleza reside na comparação incessante. Sempre que chego a um ambiente, instintivamente busco alguém que possa superar minha beleza. E quase sempre encontro. É essa busca interminável que me aprisiona em uma insatisfação perpétua".

---

\* Filme de 1996, dirigido por Barbra Streisand. (N.E.)

É por isso que, buscando ajudar pacientes que tinham muita beleza, mas eram infelizes, uso a metáfora da "maldição do petróleo". Analogamente, assim como em alguns países a abundância de petróleo desencoraja o desenvolvimento de outros setores econômicos, muitas vezes, pessoas que são naturalmente belas não se veem incentivadas a investir em outros aspectos da personalidade. Assim, a riqueza imediata da beleza pode, paradoxalmente, se tornar uma armadilha, limitando o desenvolvimento de potencialidades internas.

Você mencionou, Cortella, sobre o clima ameno como algo desejável. De fato, a vida oscila entre extremos, e os momentos de equilíbrio são efêmeros. O ciclo das estações, com suas alegrias e tristezas, é um espelho das oscilações da existência. O sol pode brilhar forte durante um funeral, assim como podemos nos apaixonar em pleno inverno. Não é a estação em si que define a essência da experiência, mas a maneira como nos relacionamos com ela.

Lembro de escutar uma conversa entre amigas, em que a questão era como encontrar um parceiro. Uma delas, dotada de extensa formação acadêmica, se viu confrontada pela realidade de que, em certos contextos, seu currículo não lhe conferia nenhuma "vantagem" estética, ao ouvir da amiga: "Na balada, ter doutorado ou vários artigos publicados não serve de nada, até atrapalha, nem fale disso". Aqui, encontramos mais uma vez o dilema das estações: momentos em que certos atributos são mais valorizados, enquanto outros são relegados a segundo plano.

A questão é: como encontrar equilíbrio em um mundo tão desequilibrado? Uma paciente minha, que sempre se apoiou em sua inteligência como pilar de autoestima, teve sua confiança abalada ao perceber que, durante o seu pós-doutorado em uma das mais prestigiadas universidades americanas, ela era apenas mais uma em meio a tantos intelectuais talentosos. A lição que fica é que não podemos nos apegar a um único aspecto de nossa identidade, ou usufruir apenas uma estação da vida. A vida é imprevisível e, assim como as estações, devemos aprender a nos adaptar e crescer, independentemente do clima e em cada uma delas.

## Conviver com as diferenças

**Cortella** – As estações não são indistintas. Aliás, não o são em lugar nenhum. Elas têm suas marcas próprias, têm seus modos de presença. Há lugares onde, de fato, as quatro estações são absolutamente nítidas, inclusive as de transição, como o outono e a primavera. Mas não há indistinção, mesmo na vida da gente. Há, sim, momentos em que o inverno é mais invernal, e esse invernal é infernal – fazendo de novo o meu trocadilho. Ou mesmo quando temos a exuberância, mas ela não nos plenifica, é externa apenas. Ela é aquela casca da cebola que indicávamos antes. Mas, tendo o princípio óbvio de que o sol é a fonte da vida, é claro que a ideia de que gente foi feita para brilhar é uma reivindicação interna nossa, no sentido de: "Eu quero, eu tenho o direito de ser feliz". É quase como se gritássemos: "Eu tenho direito ao banho de sol". Até o prisioneiro, a pessoa que está reclusa, reivindica não só o direito ao banho de sol, como também o de poder enxergar um pouco. Um lugar com janela é sempre algo que dá outra percepção, a possibilidade de vislumbrarmos a iluminação, de não ser tudo escuro o tempo todo.

Na minha vivência, na primeira vez que fui para a Suécia, em fevereiro de 1990, fiz algumas atividades na Universidade de Estocolmo, que tem um centro de estudos latino-americanos. Depois, fui para Gotemburgo, do outro lado, e para Uppsala, mais ao norte. De qualquer forma, em fevereiro, a sensação de alguém como eu, que vinha de um país tropical, era absolutamente agoniante. Não por causa da neve. Eu já tinha visto neve em outras situações. Mas por ter um período muito restrito de luz solar. Nas 24 horas do dia ali, em fevereiro, só tínhamos luminosidade solar das dez da manhã às duas horas da tarde. Eram apenas quatro horas de iluminação solar. É claro que também a luz solar contínua é desesperadora. Há um filme clássico com Al Pacino chamado *Insônia*,* em que ele, no papel de um policial, vive um processo investigativo no norte do planeta, na região do Alasca, em que a luz solar é persistente durante meses. E o personagem, com aquelas olheiras profundas, não consegue dormir em nenhum momento, porque tem dificuldade com qualquer fresta de luz.

---

\* Filme de 2002, dirigido por Christopher Nolan. (N.E.)

Todo excesso, todo tipo de transbordamento, pode afogar. Seja a contínua exposição ao sol, seja a contínua exposição ao gelo, traz exatamente essa marca. Por que estou dizendo isso? Qual é o meu sentimento mais negativo em relação a Estocolmo naquela época do ano? Dava uma certa angústia não ter luz solar. Não era só uma questão de hábito, embora também fosse isso, mas não poder vislumbrar as coisas com nitidez, ver o céu, aquilo que permite que a respiração seja muito mais livre. Nós saímos das cavernas, mas nós as tememos até hoje. A ideia de escuridão no nosso dia a dia é muito marcante. É a noção de que, quando há penumbra, há perigo. Quando há ausência da iluminação, há perigo. Por isso, nas quatro estações, não há a possibilidade de nós as tornarmos uniformes, isto é, sem distinção, porque elas também se mesclam. Temos tanto lugares onde o sol é muito contínuo, como lugares onde o frio é muito contínuo, e temos o momento dessa junção. Volto a este conceito: "Eu tenho direito ao sol, tenho direito a ser feliz. Eu quero uma vida mais *amena*".

**Rossandro** – Ao refletir sobre as metamorfoses das estações, meu pensamento é conduzido ao cenário de João Pessoa, onde os ipês florescem com vigor em novembro e dezembro, tingindo a cidade com suas cores vibrantes: amarelos, roxos. É uma visão inesquecível para mim. Recordo, em contraste, minha primeira visita a Nova York, durante o outono. No Central Park, o tapete de folhas em tons terrosos estendia-se majestosamente, como uma cena tantas vezes retratada em filmes.

Porém, esse espetáculo terroso traz consigo uma realidade subjugada. As folhas, ao perderem a vivacidade da clorofila e, consequentemente, sua função de fotossíntese, preparam-se para um retorno ao solo, enriquecendo a terra que nutre sua árvore-mãe. E assim, na queda, elas se reinventam, transformando-se em nutriente.

> **Se nos apegarmos excessivamente às lembranças, corremos o risco de nos aprisionarmos a verões etéreos, buscando o calor de momentos que já não retornarão ou o aconchego de abraços que se dissiparam com o tempo.**

Nosso passado, frequentemente, nos parece uma narrativa estática, como uma folha que já desempenhou sua função e agora jaz no solo. Tendemos a enxergar o futuro como um horizonte repleto de novas possibilidades e esperanças. No entanto, como você sabiamente pondera em suas publicações, Cortella, essa perspectiva pode ser uma armadilha. Se nos apegarmos excessivamente às lembranças, corremos o risco de nos aprisionarmos a verões etéreos, buscando o calor de momentos que já não retornarão ou o aconchego de abraços que se dissiparam com o tempo. E, ainda, esse passado pode nos aprisionar em um inverno interminável de ressentimentos e lamentações.

Para vislumbrar um futuro genuinamente renovado, é imperativo confrontar, com a sabedoria e a compreensão do presente, as estações que já se foram. Apenas ao fazer isso, percebi o valor dos outonos que me transformaram, permitindo que florescesse nas subsequentes primaveras. Antes desse reconhecimento, passei por inúmeras primaveras sem realmente apreciá-las, demasiado concentrado nas folhas que se foram. Porém, ao compreender que a renovação provém justamente daquilo que se desfaz, fui capaz de abraçar plenamente os novos ciclos da vida. Há beleza e poesia nesse processo: uma folha, mesmo após sua queda, continua a nutrir a árvore de onde provém.

Ao longo do curso inexorável da vida, somos confrontados com os outonos inerentes ao nosso próprio ser. Pensemos em relações que outrora floresceram vivazes e repletas de vitalidade, mas que, com o tempo, começam a minguar, perdendo seu vigor, como as folhas que declinam em clorofila. Há momentos em que, em vez de nos nutrirem com a essência pura da vida, essas relações nos asfixiam, tornando-se um peso insuportável. Assim como um médico alerta sobre a necessidade de amputar um membro necrosado para salvar o todo, muitas vezes precisamos abandonar o que não nos beneficia mais, para preservar nossa integralidade.

É dolorosamente comum encontrarmos resistência em reconhecer os desvios inevitáveis no caminho da vida, quando não podemos mais seguir juntos a mesma jornada. Em vez de reverenciar os momentos compartilhados, muitos escolhem alimentar rancor quando os caminhos se bifurcam e, em vez de agradecer o que foi vivido até ali, passam a odiar a partir dali. É que o coração, com sua temporalidade única, pode demorar a aceitar o que a mente racional já entendeu como findo. Porém, em vez de amargura, por que não cultivar a gratidão? Talvez, em uma dessas bifurcações, possamos nos reencontrar, mais evoluídos e prontos para uma nova jornada.

Na minha prática clínica, testemunhei o quão delicado pode ser o equilíbrio terapêutico. Quando um indivíduo buscava terapia e ansiava pelo crescimento pessoal, muitas vezes os parceiros – maridos, esposas, companheiros – me causavam inquietação. Por quê? Pois, ao resistir à evolução emocional, criava-se uma disparidade emocional, frequentemente insuperável. Relações acabavam, não por falta de amor, mas porque um dos envolvidos não havia permitido seu próprio florescimento.

Porém, há uma beleza poética também nas partidas. Quando as fases da vida de um divergem drasticamente das do outro, as folhas da relação começam a se soltar. E é tocante perceber que o único voo de uma folha é no momento de sua queda. Ela alça seu voo solitário, deixando de fazer parte, de converter a luz solar em vida. Se nos permitirmos, essa folha que desce, esse elo que se desfaz, pode nos nutrir de uma forma inesperada, revigorando o ciclo do qual muitas vezes tentamos escapar.

**Cortella** – Você falou dos ipês, e o curioso é que um dos símbolos da minha cidade de origem, Londrina, é o ipê. É uma cidade que foi arborizada com ipês. Londrina tem esse nome porque foi fundada pelos britânicos em 1934. É uma cidade nova, perto de outras no Brasil. E os britânicos colocaram ipês em toda a parte do planejamento.

Lembro de duas coisas que na minha infância eram muito marcantes e acabaram seguindo comigo. Primeiro, Londrina, por conta da localização, tem um *fog*, uma neblina no mês de julho – aliás, isso favoreceu muito que a cidade ficasse com o nome que tem. Eu saía caminhando e não enxergava literalmente nada até o próximo passo. Para nós, isso tinha um lado gostoso, porque era um autoconhecimento que vinha de uma situação que, no dia a dia, é imperceptível e que o inverno produz, quando existe a possibilidade de o ar expelido ou inspirado ter concretude, ficar visível. A invisibilização daquilo que é o ar para nós, no nosso dia a dia, ganha alguma concretude exatamente nesse momento do inverno, em que até brincamos de fazer "fumaça" com o ar expelido. Mas sabíamos, ainda bem, que essa fase iria terminar. Embora fosse gostoso de brincar, era como a neve. A neve é uma delícia, mas ela é suja. É gostoso no primeiro dia, em uma primeira brincadeira. Depois, temos que nos limpar, porque a neve umedece o sapato, que tem lama por baixo. Aquilo perde graça, porque serve para brincar até certo ponto; depois, ela é um incômodo. Mas o *fog*, essa fumaça, ela é boa.

 Em Londrina, os primeiros sinais de que não teríamos o inverno mais difícil era exatamente quando os ipês começavam a florescer na sequência da transição do inverno para a primavera, em setembro. Cada mês, quase uma cor de flor. Essa imagem de que a primavera se aproximava não era uma recusa ao prazer do inverno; era uma necessidade de saber que esse prazer no inverno, porque acompanhado também de desconfortos, não seria perene. Mas dava saudade do inverno.

 É provável que você tenha, Rossandro, algum paciente que indique, em algum momento, que sente saudades do sofrimento pelo qual passou. Isto é, "eu era um pouco mais enriquecido quando padecia mais". A frase "eu era feliz e não sabia" pode também vir à tona não pela felicidade que exubera, mas pela tristeza que conforma. Em outras palavras, há pessoas que não querem a primavera. Porque ela tira, usando a linguagem da matemática, um racional de vida, tira uma das justificativas para que a pessoa possa ser amarga, melancólica. Para essas pessoas, é tão bom quando o inverno não acaba, quando não é preciso se expor nem ser exposto. É tão bom ficar absolutamente ensimesmado, porque isso permite se consumir internamente. E aí, de novo de forma idiossincrática, "é tão bom quando a dor continua em mim". Porque ela oferece todas as razões para que não seja preciso superá-la, nem buscar ultrapassá-la. Para algumas pessoas, é tão bom o sofrimento que exaure porque, não se tendo energia para mais nada, não é preciso amar nem conviver de modo mais intenso. Nós chamamos isso de maluquice, mas é algo absolutamente humano.

**Rossandro** – O inverno, em sua aparente dormência e frieza, é uma potente metáfora para os períodos introspectivos e desafiantes da vida humana. Exige de nós uma resiliência singular e maturidade para perceber seu poder transformador, e o convite implícito para mergulhar profundamente em nosso ser. Dentro de cada um de nós, residem reservas ocultas de força e resiliência, muitas vezes inexploradas até que sejam chamadas à superfície pela adversidade. Assim como o cinzel do escultor revela a beleza oculta dentro de um bloco bruto de mármore, a dor e os desafios funcionam como agentes de transformação. Eles esculpem nosso caráter, revelando nossa verdadeira essência e a obra de arte que é o espírito humano. Quando abraçamos o inverno de nossa vida, não apenas sobrevivemos, mas evoluímos e emergimos mais sábios, mais fortes e, de maneira paradoxal, mais vivos do que nunca.

Existem momentos em que naturalmente nos sentimos compelidos a nos refugiar em nosso próprio ser. Recentemente, me deparei com uma publicação na internet que destacava frases que detestávamos na infância, mas que eram desejadas na fase adulta: "Você vai dormir agora. Você não sairá de casa hoje". Notoriamente, conforme amadurecemos, nossas perspectivas se transformam.

Entretanto, vale ressaltar a diversidade de temperamentos humanos. Enquanto algumas personalidades são predispostas à introspecção, outras são exuberantemente extrovertidas. Conheço colegas que fazem palestras magníficas e cheias de inspiração, mas que, posteriormente, enfrentam desafios significativos ao interagir com o público e estabelecer relações. Enquanto alguns podem interpretar essa postura como arrogância, muitas vezes percebo que é uma peculiaridade daquela personalidade, um traço mais introspectivo, que molda essa forma de agir – embora em alguns casos seja prepotência mesmo. (*Risos*)

A diversidade temperamental não se restringe ao espaço público. Na esfera íntima, o casamento ilustra perfeitamente a dança das diferenças individuais. Em minha própria experiência, enquanto eu sou mais matinal, minha esposa, Janine, demora a "despertar". Essas nuances de personalidade, que se manifestam em nossos ritmos diários, refletem a riqueza de compartilhar a vida com outra pessoa. Nós temos esse desencontro em algumas áreas da vida, o que é rico em si mesmo.

Vivemos em uma sociedade que, muitas vezes, idolatra o "eterno verão", uma contínua exuberância e sociabilidade. No entanto, começo a perceber o valor intrínseco do "inverno" em minha vida: um tempo de introspecção e conexão com minha essência. Após palestras, sinto uma crescente necessidade de reclusão, de retorno ao meu núcleo, de reconectar-me com quem sou além dos palcos. Necessito me recolher ao quarto do hotel para reconectar-me com minha essência. No íntimo, sou mais o esposo da Janine do que o palestrante ou o escritor. No dia a dia, sou esse homem dedicado às atividades cotidianas, seja consertando algo em casa ou indo ao mercado comprar verduras. Hoje, sinto mais felicidade em segurar na mão de minha esposa enquanto caminhamos, e cada vez percebo mais que as necessidades humanas mais simples são as mais fundamentais para a vida de todos nós.

Em nossa incessante busca por viver momentos ensolarados e eufóricos, frequentemente esquecemos de valorizar a introspecção. A pandemia nos forçou a enfrentar um prolongado "inverno", revelando-nos uma intimidade que desestabilizou muitas pessoas. Casais que anteriormente coexistiam sob o mesmo teto, mas evitavam verdadeira conexão, foram desafiados a confrontar a realidade de sua relação. Muitos pais estavam acostumados a terceirizar aspectos de sua paternidade e maternidade para instituições como escola, ou para atividades externas de judô, balé, ou para a rua, as áreas comuns do condomínio. Mas, durante a pandemia, foram impelidos a redescobrir a essência da parentalidade, o que desesperou muitos. Minha sensação é que, na pandemia, alguns pais até descobriram que tinham filhos. A pandemia desvendou uma intimidade que muitos não estavam preparados para enfrentar.

    Estávamos destreinados para o inverno que a pandemia provocou em nós. Isso gerou muito caos e muita dor. E parece que estamos destreinados para o verão do retorno. As pessoas desaprenderam a conviver, a arte de estar presente. O que quero dizer com isso é que, se insistimos demais em uma estação, se a dimensionamos demais, por mais que alguém goste de ser introspectivo ou extrovertido, desgastamos o que ela tem para entregar e perdemos a possibilidade de usufruir o que as outras estações da vida têm para nos oferecer.

# É preciso esperançar!

**Cortella** – Gosto muito de um laboratório que existe há muitos anos na PUC-SP, na qual ensinei por 35 anos, chamado LELu – Laboratório dos Estudos e Intervenções sobre o Luto, tendo como uma das fundadoras Maria Helena Pereira Franco. A primeira vez que tivemos uma atividade conjunta foi nos começos dos anos 2000, em um instituto de Psicologia na capital paulista com o nome exatamente de Quatro Estações. Não é casual que se chame assim, porque lida exatamente com essa percepção de que a vida tem um movimento circular. Não é que as coisas se alternem porque, em muitos momentos, vivemos de forma simultânea. Mas aquilo que nos atinge, que nos favorece, que nos alegra não é unívoco, não é o tempo todo do mesmo modo. O luto, em larga escala, não é a vivência de um inverno que não termina, mas a percepção de que as coisas têm um fim, e de que esse fim é parte do processo de vitalidade.

Quando você lembrava, Rossandro, da folha que faz seu voo exclusivo e único, mas que aduba aquilo que é a vida que renasce, não é casual que a gente goste tanto de cerimônias que nos lembram o renascimento: o *réveillon*, o aniversário que é comemorado todos os anos, dado que é o ciclo que nós contamos. Fazemos aniversário e as pessoas perguntam quantas primaveras estamos completando. Outros povos falam em quantos invernos alguém já viveu. Ou, usando o título do clássico livro, *O outono do patriarca*,* ou *No verão de 42...*\*\*

Todo o processo é mudança, e ela pode ter sua terminalidade ou sua continuidade. Ela pode ter o seu encerramento ou pode ter a sua sequência. Lidar com esse movimento faz com que a gente, que também tem perdas, que também tem abdicações, lide melhor com aquilo que é deixado para trás. Um dos movimentos, para mim, mais ilusórios em relação ao mundo digital, às redes sociais de maneira geral, é colocar um presente contínuo em que tudo é festa, tudo é comemoração, tudo é exuberância. Em que as

---

\* Romance do escritor colombiano Gabriel García Márquez (1927-2014), publicado em 1975. (N.E.)

\*\* Livro do autor e roteirista americano Herman Raucher (1928), publicado originalmente em 1970 e adaptado para o cinema em 1971. O filme é mais conhecido no Brasil com o título *Houve uma vez um verão*, dirigido por Robert Mulligan. (N.E.)

coisas não dão trabalho para aparecerem daquele modo. Ou, quando dão trabalho, são uma questão de disposição individual e dedicação, como você lembrava do *influencer* que simulava estar trabalhando dentro do avião de madrugada, portanto, a energia contínua. Alguém que exibe a si mesmo às três da manhã em estado de trabalho dá a percepção de que existe uma perenidade da energia tal como há, como eu dizia, perenidade na festa, perenidade na alegria... Não! Nós temos movimentos que não são de oscilação, mas de mudanças interconectadas. Basta lembrar os estudos de química, da teoria dos vasos comunicantes, o quanto aquilo tinha interpenetrações das possibilidades várias. É claro que, em meio à prisão fechada, um raio de sol que bate no fundo da cela traz alegria naquele momento.

Quando falávamos do clima, do quanto ele nos influencia, não é a única influência nem é a mais geral, dado que a vida humana é capaz de inventar lugares sem estações, como os *shoppings*. O que é um *shopping* se não um lugar onde as estações são anuladas? Lá, não é frio, não é quente; tudo é ameno. Não tem a noção de tempo, tanto que não vemos relógios nos grandes *shoppings*, tal como acontece

**... nós construímos dentro do mundo digital das redes a possibilidade de um presente contínuo. E esse presente contínuo perturba uma parcela da nossa noção para lidar com o luto, com as perdas, com os sucessos, com o êxito.**

nos bingos clandestinos (ou mesmo quando eram oficiais). Também os cassinos em Las Vegas não têm relógio porque é preciso suspender o tempo, à medida que ele tira, quando visualizado, a ideia de eternidade, de que a coisa não vai ter fim. Nesse sentido, nós construímos dentro do mundo digital das redes a possibilidade de um presente contínuo. E esse presente contínuo perturba uma parcela da nossa noção para lidar com o luto, com as perdas, com os sucessos, com o êxito. Isto é, perturba a nossa capacidade de vivenciar tudo que aí está e nos faz ter esperança de que o sol aparecerá, de que a flor virá à tona, de que a neve derreterá, de que as folhas cairão no outono mas voltarão. Será que essa esperança é ilusória? Não esqueçamos: na narrativa clássica, a esperança é um mal, e ela ficou na caixa de Pandora.* Portanto, de todos os males que nós somos capazes de viver e infligir a outra pessoa, o único que ficou sob nosso domínio foi a esperança. Que parece equilibrista, diria o psiquiatra **Aldir Blanc**.

**Rossandro** – A esperança, frequentemente celebrada como uma virtude e âncora para a alma humana, apresenta uma face intrigante e paradoxal quando refletimos sobre sua inclusão na caixa de Pandora. A gente se pergunta, Cortella, por que a esperança estava na caixa junto com os outros males?

---

\*     Na mitologia grega, Pandora foi a primeira mulher a existir. A ela, foi dada uma caixa que, se aberta, liberaria todos os males do mundo. (N.E.)

Uma interpretação sugere que a esperança, quando malentendida ou mal aplicada, pode manter as pessoas em estado de passividade ou inação. Se uma pessoa acredita cegamente que as coisas vão melhorar, ela pode evitar tomar medidas necessárias para provocar a mudança.

Isso me lembra o complexo de Poliana, a jovem que sempre tenta encontrar algo positivo em todas as situações, independentemente de quão negativas ou desastrosas elas possam ser. Tubo bem que o otimismo seja algo bom, mas sua manifestação extrema leva a negações perigosas da realidade, uma recusa em reconhecer problemas sérios ou enfrentar desafios de frente. Em vez disso, a pessoa pode acreditar que tudo "ficará bem" sem nenhuma intervenção ou esforço de sua parte. Na Psicologia Social, isso é chamado de difusão de responsabilidade. É achar que o outro sempre vai resolver para você.

O trágico caso de Kitty Genovese em Queens, Nova York, é um exemplo marcante do fenômeno da difusão de responsabilidade. Quando Kitty foi brutalmente atacada, seus gritos desesperados ecoaram no bairro. Testemunhas acenderam suas luzes e algumas até expressaram intenções de acionar a polícia. Vendo isso, o agressor fugiu momentaneamente. Contudo, ao perceber que nenhuma ação concreta estava sendo tomada, ele retornou e continuou o ataque. Embora mais pessoas tenham se manifestado novamente, acendendo luzes e abrindo janelas, ninguém efetivamente interveio ou chamou a polícia. O agressor, capitalizando essa inação coletiva, voltou uma terceira vez para finalizar seu ato horrendo. Mais tarde, quando questionados sobre sua inércia, muitos residentes justificaram dizendo: "Eu pensei que outra pessoa já tivesse chamado a polícia".

Esse não é um episódio isolado; muitas vezes, nas sociedades modernas, observamos tragédias acontecerem enquanto muitos olham e esperam que "alguém" intervenha. Relacionando essa difusão à fábula da cigarra e da formiga, encontramos uma representação arquetípica dos dualismos da vida: atividade *versus* passividade, planejamento *versus* improvisação, prudência *versus* impulsividade.

Mas há um ângulo ainda mais profundo. A cigarra, com sua música, talvez estivesse cumprindo uma função social vital de proporcionar alegria, enquanto a formiga estava muito focada na subsistência. Em um mundo ideal, ambos os papéis seriam valorizados. A fábula nos convida a questionar nossas próprias prioridades e o que realmente valorizamos em nossa vida e em nossa sociedade. A negação da formiga em ajudar a cigarra no inverno pode ser interpretada como uma crítica à falta de compaixão e entendimento nas sociedades que valorizam excessivamente a produtividade em detrimento da arte e da cultura.

Sendo bem ousado – porque falar disso com um filósofo é muita ousadia – eu não tenho como não lembrar do mito da caverna de Platão. Nele, somos confrontados com a imagem de prisioneiros que apenas enxergam sombras e, consequentemente, possuem uma percepção distorcida da realidade. Nietzsche, em sua audaz interpretação, argumenta que negar a realidade dentro da caverna é negar a existência de uma vida em sua plenitude mesmo naquelas condições. Em outras palavras, limitar a vida somente à sua essência, desconsiderando sua aparência, é um erro.

Por isso, sim, podemos escolher como vamos colher o que cada estação nos oferece, o que cada ciclo da vida nos apresenta. Tem hora de plantar, de colher, de chorar, mas tem hora de cantar, de sorrir, de descansar. A diligência da formiga que trabalha, que estoca, que pensa no amanhã – essa sanha da produtividade –, não exclui a alegria da cigarra, tão facilmente vista como displicência ou preguiça. Por isso, essa pequena fábula também denuncia a falha moral da formiga que se nega a ajudar a cigarra quando o inverno chega: "Você não estava lá cantando? Pois agora dance!".

**Cortella** – Essa é uma fábula do passado depois trazida novamente com o mundo europeu calvinista. O calvinismo vai trazer a discussão sobre a importância do trabalho contínuo como marca da criação: Deus fez até certo ponto; agora, continuamos para honrá-lo. Portanto, não é casual que, na porta de vários campos de concentração, estivesse escrito em alemão "o trabalho liberta". Nesse sentido, a ideia de uma incompatibilidade entre a cigarra e a formiga é muito marcante.

É uma fábula que expressa a ideia da justeza de que a formiga possa fruir o trabalho dela, e a cigarra, vivendo no ócio, não. Mas acaba sendo uma história que revolta pela desumanidade, digamos, da formiga e, acima de tudo, pela ausência de compaixão. As fábulas sempre cumpriram uma função muito forte de moldar condutas. E uma delas é a recusa à presença de outros modos de ser que não a mera laborlatria. Portanto, a arte, aquilo que é a produção estética, é colocada como fora do que é necessário.

É gostoso porque você mencionou, Rossandro, o livro sétimo d'*A República* de Platão, no qual está a alegoria ou o mito da caverna. *A República* de Platão é um livro todo narrado por **Sócrates**. E uma das coisas que a filosofia de Platão traz, por intermédio da voz de Sócrates – ou o contrário, se diria – é o quanto que também o filósofo é considerado mais cigarra que formiga. É alguém perturbador, alguém que pode dizer: "Olhe aqui, não é só isso, não é só o trabalho. É preciso também cantar". Portanto, o final mais bonito, os esperançosos diriam, não é a formiga dizendo para a cigarra: "Você cantou, agora dance". Seria: "Venha dançar comigo, vamos dançar juntos. Que bom que, enquanto eu faço isso, você canta. Depois, a gente reparte" – esse ideário em que os momentos de inclemência e os momentos de exuberância da vida precisam ser partilhados. Eles precisam ser passados adiante, e não apenas colocados como "ou isto ou aquilo", "ou inverno ou verão", "ou primavera ou outono". Esse "ou" excludente é muito danoso, porque ele passa uma percepção única. Por exemplo, eu não quero fazer a defesa de que as redes sociais de um mundo digital sejam o tempo todo a edificação do sofrimento, da marca do horror, da expressão daquilo que é podre. Não acho que as pessoas tenham que ficar o tempo todo expondo as suas dores: "Hoje acordei mal, estou mal. Veja só que comida ruim". Isso faz perder atratividade. Portanto, não estou fazendo aqui, repito, uma apologia de que a realidade tem que ser desnudada, "a vida como ela é" do grande Nelson Rodrigues. Mas não podemos esquecer que as redes trazem um jeito de encantamento que nem sempre corresponde à realidade, tal como o teatro, tal como o cinema, tal como parte daquilo que a arte pode carregar. Em outras palavras, não devemos nos afastar da percepção de realidade. Não esqueço de uma história contada por **Marcelo Tas**, com quem eu tenho o livro *Basta de cidadania obscena!*.[*] Ao falar desse mesmo tema, ele lembrou o quanto que as pessoas o seguiam e o admiravam até o dia em que, em uma de suas redes, expôs o velório da tia. Ele disse que queria se mostrar também nesse outro momento, mas acabou perdendo seguidores, as pessoas passaram a atacá-lo: "Como que ele mostra uma coisa dessas, que morbidez!". Nesse sentido, ele notou que esse equilíbrio tem que se dar de maneira que a gente não vá nem somente àquilo que é o absoluto paraíso, que é o Shangri-la da história clássica do

---

[*] Campinas: Papirus 7 Mares, 2017. (N.E.)

passado,[*] nem ao reino do horror apenas, ao inferno clássico de várias das formas de vida.

**Goethe** tem uma especial advertência nos seus *Epigramas venezianos*: "Trouxestes os vossos leões do Pireu até aqui apenas para nos mostrardes que o Pireu não é aqui?". Isto é, não adianta tentar transferir vivências. É mais ou menos como se disséssemos que vivemos o tempo todo uma eterna primavera, que só pode mesmo desaguar no verão. Claro que não. Nós temos nossos outonos e invernos, e eu aprecio imensamente aproveitar os outonos e os invernos naquilo que eles ofertam e que me engrandece. E naquilo que não me engrandece, se não tiver uma postura reativa arrogante, posso ali muito aprender. Afinal, uma das coisas que mais desejamos no litoral paraibano, quando estamos em uma praia magnífica, é achar a sombra também.

**Rossandro** – Com certeza. Ainda mais eu... Se eu não achar uma sombra, Cortella, transformo a experiência de um lindo dia de sol, em uma noite mal dormida de queimaduras. Temos que respeitar o que as estações nos oferecem, mas com cautela, como fazia Nietzsche ao nos dizer que, "com problemas profundos, eu procedo da mesma maneira que com

---

[*] Referência ao lugar paradisíaco descrito no livro *Horizonte perdido*, romance do autor inglês James Hilton (1900-1954). (N.E.)

banho frio: entro rápido, saio rápido" – assim também faço em um dia de sol intenso.

É curioso observar que, na sociedade atual, as pessoas se deliciam ao ver as vitrines reluzentes de nossos sucessos, mas frequentemente viram os olhos para os bastidores sombrios, em que as noites de luta e esforço se desenrolam. Quando perguntam "como você está?", raramente buscam uma resposta genuína; é mais um ritual de cortesia do que uma indagação profunda. Por isso, as pessoas aplaudem e anseiam pelos resultados dos outros, mas se recusam a enxergar seus processos.

Por outro lado, quem insiste em mostrar somente a dor comete o erro de retratar a vida em sua crueza máxima, expondo a realidade sem nuances, o que frequentemente distancia as pessoas. Um amigo, diretor de cinema, uma vez compartilhou comigo uma perspectiva interessante: "Rossandro, há cineastas no Brasil obcecados por retratar somente a miséria e a dor. Se você se desvia dessa narrativa, é criticado tanto pelos pares quanto pela imprensa". Talvez por isso, as comédias liderem as bilheterias brasileiras, já que o público busca escapismo, não mais reflexão.

**É curioso observar que, na sociedade atual, as pessoas se deliciam ao ver as vitrines reluzentes de nossos sucessos, mas frequentemente viram os olhos para os bastidores sombrios, em que as noites de luta e esforço se desenrolam.**

Isso me faz pensar no sucesso que têm sido as produções da Coreia do Sul, pois, mesmo um filme como *Parasita*,* embora mergulhado em críticas sociais, equilibra humor e tragédia. É uma obra-prima que oscila entre a realidade crua e o riso contido, jogando o espectador em um carrossel de emoções, demonstrando que a percepção de uma mesma situação pode variar drasticamente: enquanto alguns desfrutam a chuva em uma mansão, outros perdem tudo em uma enxurrada.

Em nosso interior, a mesma dualidade se manifesta. Dependendo de nosso estado emocional, enfrentamos a tempestade com resiliência ou desespero. Entretanto, vivemos em uma sociedade que frequentemente celebra apenas os raios de sol, intensificando suas cores em filtros digitais, mas se esquiva das tempestades.

Às vezes penso que a realidade, para a maioria das pessoas, já é dolorosa o suficiente, então é como se elas dissessem: "Pelo amor de Deus, não venha me mostrar sofrimento, não na minha série, não na minha novela, já basta a realidade". Nas redes sociais, nas quais a fantasia muitas vezes prevalece, o desejo por vidas perfeitas, inatingíveis para a maioria, perpetua um ciclo de aspirações vazias. Cortella, você acertou ao dizer

---

\* Filme sul-coreano de 2019, dirigido por Bong Joon-ho, ganhador do Oscar de Melhor Filme de 2020. Conta a história de uma família pobre que se infiltra na vida de uma família rica. (N.E.)

que essa forma de esperança é perigosa. Ela nos paralisa, nos impede de crescer e aprender com nossas falhas. Sem enfrentar e aprender com a dor, somos como Sísifo, condenados a repetir eternamente os mesmos erros.

**Fernanda Montenegro**, em sua sabedoria, disse que a velhice é uma das estações da vida, uma que ela escolheu viver plenamente. Isso é inspirador! Há tantas fases da vida que as pessoas evitam, buscando anestesia contra qualquer desconforto, em uma espécie de normose.* Ao se esquivarem do sentir, elas também evitam aprender e, inadvertidamente, repetem seus erros, confundindo as consequências de suas ações com um destino inexorável. Chamam suas decisões recorrentes de "destino", por não terem assimilado as primeiras lições.

**Cortella** – Toda casa boa, em alguns lugares, tinha um espaço para se tomar sol, que era o solário. Ou o gazebo, em que se fazia ali um espaço para se sentar no tempo. Mas as casas com alguma condição tinham e têm até hoje, mesmo em países tropicais como o nosso, um jardim de inverno, um lugar de "ensimesmação". Eu gosto demais de tempos em que quero me ensimesmar – não misantropicamente, mas de maneira organizada, pensada, meditativa. Em que, como você lembrou, Rossandro, ao terminar uma exposição pública,

---

\* Tendência patológica de adequar o comportamento segundo as normas de conduta socialmente aceitas, em detrimento de desejos e convicções. (N.E.)

depois de ter contato com mil, duas mil pessoas, um contato às vezes distante, às vezes mais próximo, queremos nos recolher um pouco.

A ideia do recolhimento se dá – e tem que se dar – em qualquer estação. Assim como não adianta imaginar: "Eu vou parar para pensar, preciso parar para pensar". Não, temos que pensar enquanto estamos em movimento, porque parar para pensar é uma impossibilidade. Da mesma forma, é preciso se recolher em qualquer estação. O inverno favorece, em algumas circunstâncias, a não externalidade, dependendo do lugar e do tempo. Mas, em qualquer estação, o recolhimento é algo que não pode ser um enclausuramento, mas um tempo propício, um tempo em que – trazendo novamente o *Eclesiastes* – nos recolhemos para melhorarmos. E, claro, quando em vez do recolhimento ficamos no mundo externalizado, também é para que ali possamos aprender, lidar, conviver, receber.

Se a folha que cai tiver clareza de que compõe a árvore, de que ela é importante e que seu próximo passo é adubar, isso lhe dará uma percepção de fertilidade muito grande. O que não se pode é achar que tudo é horror e tudo é louvor o tempo todo ao mesmo tempo, para trazer agora outro ganhador do Oscar.[*]

---

[*] Referência ao filme *Tudo em todo o lugar ao mesmo tempo* (2022), dirigido por Daniel Kwan e Daniel Scheinert, vencedor do Oscar de Melhor Filme de 2023. (N.E.)

**Rossandro** – No desenrolar dessa tapeçaria de palavras que trocamos, Cortella, é essencial refletirmos sobre a dança dualística entre solidão e alegria. Na vastidão do que chamamos de vida, muitos se equivocam ao pensar que a solidão é um manto de melancolia, e que a verdadeira felicidade é encontrada somente no calor do convívio. Como se a estação de inverno, com seus momentos introspectivos e frios, fosse destituída de beleza e júbilo.

Vivemos em uma era de ilusões, na qual parece haver uma única moldura dourada para a felicidade, algo que deve ser ostentado, iluminado sob os holofotes da sociedade. Nesse cenário, a alegria não reconhecida ou não aplaudida, de alguma forma, torna-se invisível, como se não fosse digna. Emerge, então, uma estranha obsessão: a corrida não para ser genuinamente feliz, mas para pintar uma imagem alegre, mesmo que seja uma fachada vazia.

Felicidade, para mim, é como um segredo sussurrado ao ouvido, uma emoção privada, íntima. E, nessa era de *good vibes only*, rejeitamos o inverno de nossa alma, descartando as nuances cinzentas, os momentos de tristeza, as tempestades interiores. A sociedade, com sua visão míope, anseia por um verão eterno, negando-se a aceitar e a aprender com as outras estações.

Mas, ah, o aprendizado! O sabor doce do sucesso nada mais é do que a soma de lições amargas aprendidas que nos levam até ele. E quando paramos para ponderar, questionamos:

"Será que minhas falhas são realmente falhas? Ou são apenas passos na dança da vida?". Quando uma criança tropeça em seus primeiros passos, é um erro ou uma parte vital de seu crescimento? E quando alguém, após derramar lágrimas amargas, aprende a sorrir novamente, isso é um erro ou uma bela metamorfose?

Cortella, você adora citar em suas palestras um trecho da música "Amor pra recomeçar",* que diz que "rir de tudo é desespero". Nessa mesma linha de pensamento, almejar uma alegria constante, um verão sem fim, é um sinal de um mal-estar que se infiltrou em nossa sociedade. Somos seres complexos, e nossa jornada deve abraçar todas as estações da alma.

**Cortella** – Eu gosto muito do verão porque há o inverno. Eu aprecio melhor o sol porque vou para a sombra. Eu aprecio melhor a sombra porque, no sol, fico exposto. Estivesse eu o tempo todo na sombra, haveria monotonia, portanto, o impedimento da minha exuberância de prazer, de sentido, de intelecção. Se eu estivesse o tempo todo no sol, o mesmo aconteceria. O que mais me agrada no inverno é que ele termina. O que mais me agrada no verão é que ele também termina. O que mais me agrada em todas as estações é que elas

---

\* "Amor pra recomeçar", de Roberto Frejat, em parceria com Mauro Santa Cecília e Maurício Barros. (N.E.)

terminam e voltam, tal como acontece com os processos dentro da nossa própria vida.

A ideia de que a minha vida, e não apenas as estações em si, é finita não me assusta nem me deixa desesperado. Pelo contrário, é sinal de que esses ciclos fazem com que o presente tenha valia. A angústia não é necessariamente o tempo todo negativa. **Heidegger** dizia que a angústia é a possibilidade plena. Porque, quando estamos angustiados, temos a sensação do nada. Como o nada é a possibilidade plena, quando nada sentimos, a partir daí há escolha do que podemos vir a sentir se tivermos um processo para nele chegar. Eu gosto de imaginar que a felicidade é muito boa quando vem porque ela vai embora. Mas o gostoso é que ela volta. Nessa hora, os deuses gregos me pegaram, porque eu também acho que a esperança, ela é nossa. Mas ela não é um mal o tempo todo. Quando não o é, ela não é espera; é, de fato, esperança...

**Rossandro** – Grande verdade, Cortella, posso aplaudir?

# Glossário

**Agostinho** (354-430): Nascido Agostinho de Hipona, foi um bispo católico, teólogo e filósofo latino. Considerado santo e doutor da Igreja, escreveu mais de 400 sermões, 270 cartas e 150 livros. É famoso por sua conversão ao cristianismo, relatada em seu livro *Confissões*.

**Alighieri, Dante** (1265-1321): Escritor italiano nascido em Florença, algumas de suas obras mais importantes são *Vida nova* e *Divina comédia*. Na primeira, narra a história de seu amor platônico por Beatriz. A segunda é sua grande obra: trata-se de um poema alegórico filosófico e moral que resume a cultura cristã medieval.

**Amaral, Tarsila do** (1886-1973): Uma das mais importantes pintoras brasileiras, fez parte do movimento modernista. Sua obra mais famosa, o *Abaporu*, tornou-se símbolo do Manifesto Antropófago, de 1928, cuja ideia era deglutir as influências da cultura europeia, produzindo arte genuinamente nacional.

**Anjos, Augusto dos** (1884-1914): Nascido na Paraíba, foi um dos mais originais poetas brasileiros, não se encaixando em nenhuma escola literária, embora alguns críticos o classifiquem como pré-modernista. Sua obra, composta por um único livro de poemas intitulado *Eu*, mescla melancolia e morbidez.

**Antônio Maria** (1921-1964): Cronista, jornalista, radialista esportivo, poeta e compositor pernambucano, criou sucessos do samba em parceria com diversos amigos, também profissionais da música, tais como Nora Ney e Fernando

Lobo. Ao todo, gravou 62 canções, dentre as quais se destacam "Menino grande", "Ninguém me ama" e "Samba de Orfeu".

**Baháʼuʼlláh** (1817-1892): Nascido em Teerã, capital do Irã (antiga Pérsia), Mirzá Husayn-'Alí, proclamado Baháʼuʼlláh, que significa "A glória de Deus", é considerado o "profeta da nova era". Foi o fundador da Fé Baháʼí, religião monoteísta que tem como base a união espiritual de toda a humanidade.

**Barthes, Roland** (1915-1980): Um dos mais importantes intelectuais franceses, foi professor e colaborou com diversos periódicos. Foi o responsável pela aplicação de métodos de análise originários da Linguística aos mais diversos campos disciplinares. Entre outras obras, é autor de *O grau zero da escritura*, *Mitologias*, *Crítica e verdade*, *Sistema da moda*, *O prazer do texto* e *Fragmentos de um discurso amoroso*.

**Baudelaire, Charles** (1821-1867): Nascido na França, foi um dos maiores poetas do século XIX, considerado um dos precursores do simbolismo e tendo influenciado fortemente a poesia moderna. Sua principal obra é o livro *As flores do mal*, inicialmente censurado por supostamente atentar contra a moral.

**Bauman, Zygmunt** (1925-2017): Sociólogo e filósofo polonês, ficou famoso pelo conceito de "modernidade líquida", que se caracteriza por relações efêmeras e superficiais. Autor de vários livros, dentre eles destacam-se *Amor líquido: Sobre a fragilidade dos laços humanos*, *Modernidade e ambivalência* e *Vida para consumo*.

**Beethoven, Ludwig van** (1770-1827): Ao lado de Bach e Mozart, é considerado um dos maiores compositores do século XIX. Com ele, surge o romantismo musical alemão. Autor de sonatas, quartetos, sinfonias e da ópera *Fidélio*, uma de suas obras mais conhecidas é a *Nona sinfonia*. A surdez progressiva lhe possibilitou alcançar as alturas de uma música abstrata, além de toda a beleza sensorial.

**Belchior, Antônio Carlos** (1946-2017): Cantor e compositor brasileiro, ficou conhecido por grandes clássicos da MPB, como "Apenas um rapaz latino-americano" e "Como nossos pais". Em seus últimos anos, abandonou a carreira, a família e seus bens pessoais, tendo inclusive sido dado por desaparecido em 2009. Localizado tempos depois, o motivo de seu sumiço nunca foi esclarecido.

**Bilac, Olavo** (1865-1918): Jornalista, exímio prosador, orador, propagandista da Abolição, foi um dos mais notáveis poetas brasileiros, tendo participado da fundação da Academia Brasileira de Letras. Unindo o parnasianismo francês e a tradição lusitana, elegeu as formas fixas do lirismo, principalmente o soneto.

**Blanc, Aldir** (1946-2020): Compositor e escritor brasileiro, abandonou a profissão de médico para se dedicar à música. Seu trabalho mais conhecido é a canção "O bêbado e a equilibrista", em parceria com João Bosco, que foi sucesso na voz da cantora Elis Regina. Uma das primeiras vítimas da Covid-19, em 2020, foi sancionada a Lei Aldir Blanc, com o objetivo de apoiar o setor cultural, bastante afetado pela pandemia.

**Botticelli** (1444-1510): Alessandro di Mariano di Vanni Filipepi foi um importante pintor italiano, nascido em Florença. Sua obra pode ser dividida em três temas: retratos, pinturas religiosas e míticas. Dentre seus trabalhos mais conhecidos, destaca-se *O nascimento de Vênus*, uma representação da deusa da mitologia grega.

**Camus, Albert** (1913-1960): Escritor argelino, é considerado até hoje um dos representantes mais importantes do existencialismo francês. Filósofo, foi professor e jornalista. Algumas de suas obras mais conhecidas são: *O mito de Sísifo*, *A queda*, *O estrangeiro* e *A peste*.

**Di Cavalcanti** (1897-1976): Nascido no Rio de Janeiro, é um dos nomes mais conhecidos da pintura modernista, tendo idealizado a Semana de Arte Moderna de 1922. Destacou-se por retratar em suas obras a diversidade do povo brasileiro.

**Drummond de Andrade, Carlos** (1902-1987): Um dos maiores poetas brasileiros, de temática introspectiva, sua técnica era destacada pelo meticuloso domínio do ritmo, pela invenção vocabular e pela revalorização da rima. Foi também contista e cronista.

**Elis Regina** (1945-1982): Uma das mais importantes cantoras brasileiras, era conhecida pela potência vocal, presença de palco e temperamento difícil, tendo recebido o apelido de "Pimentinha" por Vinícius de Moraes. Foi intérprete de grandes sucessos da MPB, como "Arrastão", "Como nossos pais", "O bêbado e a equilibrista" e "Águas de março", este em parceria com Tom Jobim. Morreu jovem, vítima de overdose.

**Fernandes, Millôr [Milton Viola Fernandes]** (1923-2012): Como cartunista, colaborou nos principais órgãos de imprensa; como cronista, publicou mais de 40 títulos. Foi também dramaturgo de sucesso, artista gráfico com trabalhos expostos em várias galerias e no Museu de Arte Moderna do Rio de Janeiro. Além de ter escrito roteiros de filme, *shows* e musicais, traduziu diversas obras teatrais. Irônico, polêmico, com seus textos e desenhos (des)construiu a crônica dos costumes brasileiros.

**Frankl, Viktor** (1905-1997): Judeu vienense, doutor em Medicina e Psiquiatria e doutor *honoris causa* em diversas universidades mundiais, inclusive no Brasil, foi um existencialista humanista que via os humanos como seres ativos, conscientes e livres. Esteve em campos de concentração de 1942 a 1945 e ajudava os companheiros de martírio a enfrentar com dignidade os desafios cotidianos.

**Freud, Sigmund** (1856-1939): Médico neurologista e psiquiatra austríaco, ficou conhecido como o "pai da psicanálise" por seu pioneirismo nos estudos sobre a mente e o inconsciente humanos. Sua obra é objeto de questionamento, mas ainda exerce muita influência na área.

**Gibran, Khalil** (1883-1931): Pensador, poeta e romancista libanês radicado nos Estados Unidos, foi autor de obras de grande aceitação popular, fortemente marcadas pelo misticismo oriental e influenciadas pela *Bíblia*, pelo filósofo alemão Friedrich Nietzsche e pelo poeta inglês William Blake. Seus temas são: o amor, a morte e a natureza.

**Goethe, Johann Wolfgang von** (1749-1832): Poeta, dramaturgo, romancista e ensaísta alemão de grande relevância no cenário literário de seu país e para o romantismo europeu da virada do século XVIII para o século XIX. É autor, entre outros trabalhos, de *Os sofrimentos do jovem Werther*, *Afinidades eletivas* e *Fausto*, considerado sua obra-prima.

**Gonzaga, Luiz** (1912-1989): Conhecido como o Rei do Baião, foi um cantor e compositor pernambucano. Uma das mais importantes figuras da música brasileira, acompanhado de sua sanfona, levou a cultura nordestina a todo o país por meio de canções como "Asa branca", "Olha pro céu" e "O xote das meninas".

**Guimarães, José Palmeira**: Poeta paraibano, sua poesia mais famosa é "Último pau-de-arara", que foi musicada pelos pernambucanos Venâncio e Corumba e depois gravada por vários intérpretes.

**Guimarães Rosa, João** (1908-1967): Ficcionista e diplomata brasileiro, tornou-se conhecido como escritor a partir da publicação de *Sagarana* em 1937. Seu trabalho é marcado pela invenção e pela inovação vocabular. Entre suas obras destacam-se *Grande sertão: Veredas* e *Primeiras estórias*.

**Han, Byung-Chul** (1959): Filósofo de origem sul-coreana, é professor na Universidade de Berlim, na Alemanha. Crítico da sociedade do consumo e do mundo digital, tem se dedicado a entender o impacto do capitalismo na saúde mental das pessoas. É autor de livros como *Sociedade do cansaço* e *No enxame: Perspectivas do digital*.

**Harari, Yuval** (1976): Historiador e professor israelense, sua pesquisa tem focado a relação entre história e biologia. É autor dos *best-sellers Sapiens: Uma breve história da humanidade* e *Homo Deus: Uma breve história do amanhã*.

**Heidegger, Martin** (1889-1976): Importante pensador e filósofo do século XX, teve por mestre o filósofo alemão Edmund Husserl, conhecido como o pai da fenomenologia, que o influenciou fortemente. Quando Husserl tornou-se professor na Universidade de Friburgo, Heidegger foi seu assistente, sucedendo-o posteriormente na cátedra de Filosofia. O conjunto de sua obra, em que *Ser e tempo* ocupa posição central, continua essencial até hoje.

**Horácio** (65-8 a.C.): Poeta e filósofo romano, teve seus estudos financiados pelo pai, escravo liberto. Lírico, satírico e moralista político, uma de suas obras mais importantes constitui-se nos quatro livros que compõem as *Odes*, conjunto de poemas de onde foi retirada a famosa expressão *carpe diem*, "aproveite o dia".

**Jung, Carl Gustav** (1875-1961): Psiquiatra suíço, fundador da psicologia analítica, foi um dos maiores estudiosos da vida interior do homem e tomou a si mesmo como matéria-prima de suas descobertas. Correspondeu-se com

Freud por muitos anos, mas as divergências entre eles acabaram por ocasionar o rompimento. Suas pesquisas marcaram decisivamente estudos em diversas áreas além da psicologia, como antropologia, sociologia, arte e literatura.

**La Boétie, Étienne de** (1530-1563): Humanista e filósofo francês, sua obra mais importante é *Discurso da servidão voluntária*, em que questiona as razões que levam um povo a se submeter à vontade de um tirano. Por fim, conclui que o maior bem do cidadão é a liberdade.

**La Taille, Yves de** (1951): Nascido na França, desde criança vive no Brasil. Professor de Psicologia do Desenvolvimento Moral na USP, é um dos especialistas mais respeitados do país nessa área. É coautor dos livros *Nos labirintos da moral* (com Mario Sergio Cortella) e *Indisciplina na escola*, e autor, entre outros, de *Ética para meus pais*.

**Lacan, Jacques** (1901-1981): Psicanalista francês, propôs um retorno às ideias de Freud, focando seus estudos na manifestação do inconsciente como linguagem.

**Lenine** (1959): Cantor e compositor pernambucano, gravou com importantes nomes da MPB, como Elba Ramalho e Maria Bethânia. Artista premiado, entre suas músicas de maior sucesso estão "Paciência" e "Hoje eu quero sair só".

**Lewis, Clive Staples** (1898-1963): Foi um professor universitário e escritor irlandês. Uma de suas obras ficcionais mais conhecidas é a série de romance fantástico chamada *As crônicas de Nárnia*. Sua produção é bastante vasta também no campo da não ficção, destacando-se *O cristianismo puro e simples*, trabalho tido como o compêndio de seu pensamento. Criado segundo os preceitos da fé cristã, tornou-se ateu ao longo da adolescência, retornando ao cristianismo durante a vida adulta.

**Marco Aurélio** (121-180): Foi imperador romano de 161 até a sua morte. É lembrado como um bom governante, que se dedicou à Filosofia, especialmente ao estoicismo, ocupando-se da natureza moral. Deixou a obra *Meditações*, com reflexões sobre justiça e bondade.

**Marx, Karl** (1818-1883): Cientista social, filósofo e revolucionário alemão, participou ativamente de movimentos socialistas. Seus estudos resultaram na obra *O capital*, que exerce até hoje grande influência sobre o pensamento político e social no mundo todo.

**Mead, Margaret** (1901-1978): Antropóloga americana, estudou as relações entre cultura e personalidade, os papéis diferenciais de gênero, entre outros temas. Uma de suas contribuições foi demonstrar a influência do aprendizado sociocultural sobre o comportamento de homens e mulheres.

**Michelangelo** (1475-1564): Pintor e escultor italiano, até hoje é considerado um dos mais talentosos artistas plásticos de todos os tempos, como outros de sua época, entre eles, Leonardo da Vinci, Rafael e Giotto. Entre 1508 e 1512, pintou o teto da Capela Sistina, no Vaticano.

**Monja Coen** (1947): Missionária oficial da tradição Soto Shu do zen-budismo e primaz fundadora da comunidade zen-budista Zendo Brasil, em São Paulo, orienta diversos grupos no Brasil e participa de atividades públicas promovendo o princípio da não violência ativa e da cultura de paz. Tem vários livros publicados, entre eles *O inferno somos nós*, com Leandro Karnal, e *Nem anjos nem demônios*, com Mario Sergio Cortella.

**Montenegro, Fernanda** (1929): Nascida Arlette Pinheiro Monteiro Torres, é conhecida como a grande dama da dramaturgia brasileira. Atuou no teatro, em telenovelas e no cinema, tendo sido indicada, em 1999, ao Oscar de Melhor Atriz pelo filme *Central do Brasil*. Também escritora, em 2021, foi eleita "imortal" da Academia Brasileira de Letras.

**Munch, Edvard** (1863-1944): Pintor e artista plástico norueguês, foi um dos nomes do expressionismo. Sua obra é atravessada por temas como a melancolia, a solidão e o medo, sendo *O grito* seu trabalho mais conhecido.

**Nietzsche, Friedrich** (1844-1900): Filósofo alemão, elaborou críticas devastadoras sobre as concepções religiosas e éticas da vida, defendendo uma reavaliação de todos os valores humanos. Algumas de suas obras mais conhecidas são *A gaia ciência*, *Assim falou Zaratustra*, *Genealogia da moral* e *Ecce homo*.

**Pessoa, Fernando** (1888-1935): Considerado o poeta de língua portuguesa mais importante do século XX, usava diferentes heterônimos para assinar sua obra. Os mais conhecidos são Bernardo Soares, Alberto Caeiro, Álvaro de Campos e Ricardo Reis, cada um com estilo e visão de mundo próprios. Sua única obra publicada em vida foi *Mensagem*, em 1934.

**Platão** (427-347 a.C.): Um dos principais filósofos gregos da Antiguidade, discípulo de Sócrates, influenciou profundamente a filosofia ocidental. Considerava as ideias o próprio objeto do conhecimento intelectual. O papel da filosofia seria libertar o homem do mundo das aparências para o mundo das essências. Escreveu 38 obras que, pelo gênero predominante adotado, ficaram conhecidas pelo nome coletivo de *Diálogos de Platão*.

**Quadros, Jânio** (1917-1992): Foi presidente do Brasil entre janeiro e agosto de 1961, tendo depois disso renunciado ao cargo. Sua campanha política voltada à aproximação com as classes populares e o *slogan* "Varre, varre vassourinha; varre, varre a bandalheira", que prometia acabar com a corrupção, causou mobilização popular e ele ganhou as eleições com expressiva quantidade de votos. Contudo, a crise financeira se intensificou durante seu mandato, sua política externa de reaproximação com países comunistas desagradou aos conservadores e ele tomou medidas polêmicas e de pouca relevância política, como a proibição do uso de biquínis nas praias. Poucos meses depois de eleito, apresentou sua carta de renúncia ao Congresso Nacional.

**Quino** (1932-2020): Joaquín Salvador Lavado Tejón foi um cartunista argentino, conhecido pelas histórias em quadrinhos que traziam como protagonista a personagem Mafalda, uma menina de seis anos muito questionadora e preocupada com problemas sociais.

**Quintana, Mario** (1906-1994): Poeta gaúcho, trabalhou em vários jornais. Traduziu Proust, Conrad e Balzac, entre outros nomes de grande importância na literatura mundial. Começou publicando poemas em jornais e periódicos. Mais tarde lançou *A rua dos cataventos*, seu primeiro livro de poesias. Em seguida vieram *Canções*, *Sapato florido*, *O aprendiz de feiticeiro*, *Espelho mágico* e muitos outros, além de várias antologias.

**Rios, Terezinha** (1943): Doutora em Educação pela Universidade de São Paulo (USP), é pesquisadora do Grupo de Estudos e Pesquisas sobre Formação de Educadores (Gepefe), da FE/USP. Autora de vários livros, publicou, em parceria com Mario Sergio Cortella, *Vivemos mais! Vivemos bem? Por uma vida plena* pela Papirus 7 Mares.

**Rodrigues, Nelson** (1912-1980): Jornalista e dramaturgo, é considerado por alguns como a mais revolucionária figura do teatro brasileiro. Seus textos eram permeados de incestos, crimes e suicídios. Entre suas peças, destacam-se *Vestido de noiva* e *Toda nudez será castigada*.

**Ross, Lee** (1942-2021): Professor de Psicologia canadense, lecionava na Universidade de Stanford, nos Estados Unidos. Como uma de suas contribuições para o campo da Psicologia Social, destacava a forte influência das circunstâncias externas no comportamento humano.

**Saramago, José** (1922-2010): Escritor português, teve numerosos trabalhos traduzidos em diversos idiomas. Trabalhou como serralheiro, desenhista, funcionário de saúde e de previdência social, editor, tradutor e jornalista. A partir de 1976, passou a viver apenas de seus trabalhos literários, primeiro como tradutor, depois como autor. Entre seus livros mais aclamados estão *Memorial do convento*, *O Evangelho segundo Jesus Cristo* e *Ensaio sobre a cegueira*. Recebeu diversos prêmios, entre os quais o Nobel da Literatura, em 1998.

**Sêneca** (c. 4 a.C.-65 d.C.): Filósofo estoico e poeta romano, preocupou-se com a moral prática e individual. Pregava a pobreza e o domínio das paixões, embora tenha levado uma vida de luxo. Recebeu e cumpriu ordem de suicídio após se envolver na conspiração de Pisão, que planejava o assassinato do imperador romano Nero.

**Sócrates** (470 a.C.-399 a.C.): Filósofo grego, não deixou obra escrita. Seus ensinamentos são conhecidos por fontes indiretas. Praticava Filosofia pelo método dialético, propondo questões acerca de vários assuntos.

**Tas, Marcelo** (1959): É jornalista e comunicador de TV, premiado no Brasil e no exterior, bastante conhecido por seu trabalho como ator, diretor e roteirista na série infantil *Rá-Tim-Bum* (TV Cultura) e por personagens como o repórter fictício Ernesto Varela. Também participou da criação do *Telecurso* (Globo), foi apresentador do *CQC* (Band) e do *Papo de Segunda* (GNT), entre outros programas.

**Terêncio** (c. 185-159 a.C.): Escritor latino, na infância foi levado para Roma como escravo do senador Terêncio Lucano, que lhe proporcionou educação e, tempos depois, o libertou. Foi um dos autores mais estudados na Idade Média e sua obra é composta por seis comédias.

**Tomás de Aquino** (1225-1274): Frade italiano da ordem dominicana, foi um dos mais importantes pensadores da era medieval e influenciou a Teologia e a Filosofia modernas. Em suas sínteses teológicas, discute o cristianismo com base na Filosofia clássica grecolatina, unindo fé e razão.

**Vargas, Getúlio** (1882-1954): Político brasileiro que por mais tempo exerceu a presidência da República, assumiu o governo provisório logo após comandar a Revolução de 1930. Em 1934, foi eleito pela assembleia constituinte presidente da República, cargo no qual permaneceu até 1945. No ano de 1951, voltou à presidência pelo Partido Trabalhista Brasileiro (PTB) por votação direta e, com uma política nacionalista, lançou a campanha "O petróleo é nosso", que resultaria na criação da Petrobras e de outras importantes empresas estatais. Permaneceu no poder até suicidar-se, em 1954.

**Veloso, Caetano** (1942): Cantor e compositor brasileiro, foi um dos líderes da Tropicália, movimento cultural brasileiro. Exilado pela ditadura em 1969, viveu na Inglaterra até 1972, quando voltou ao Brasil. Entre os vários discos gravados, destacam-se: *Outras palavras*; *Cores, nomes*; *Uns* e *Circuladô*. Em 1997, publicou o livro *Verdade tropical*.

**Voltaire** (1694-1778): Pseudônimo do filósofo, ensaísta, deísta, iluminista francês e escritor François Marie Arouet, ficou conhecido pela defesa das liberdades civis. Polemista satírico, frequentemente usou suas obras para criticar a Igreja católica e as instituições francesas do seu tempo. Suas ideias influenciaram importantes pensadores da Revolução Francesa.

**Especificações técnicas**

Fonte: Adobe Garamond Pro 12,5 p
Entrelinha: 18,3 p
Papel (miolo): Off-white 80 g/m²
Papel (capa): Cartão 250 g/m²
Impressão e acabamento: Paym